Michel André

LE CHEMIN DU BONHEUR

Michel André

LE CHEMIN DU BONHEUR

REPERES OBSTACLES

Éditions Croix du Salut

Cover image: www.ingimage.com

Publisher:
Éditions Croix du Salut
is a trademark of
Dodo Books Indian Ocean Ltd. and OmniScriptum S.R.L publishing group

120 High Road, East Finchley, London, N2 9ED, United Kingdom
Str. Armeneasca 28/1, office 1, Chisinau MD-2012, Republic of Moldova, Europe
Printed at: see last page
ISBN: 978-620-6-16780-8

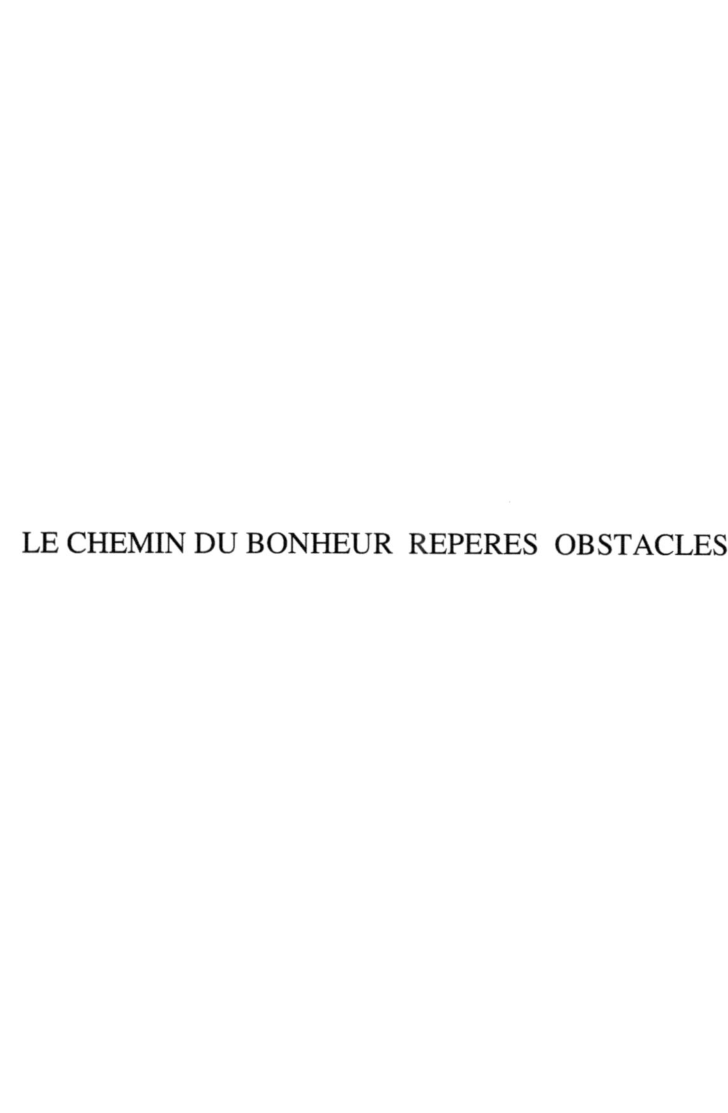

LE CHEMIN DU BONHEUR REPERES OBSTACLES

CHAPITRE 1

QU'EST-CE QUE LE BONHEUR ?

Nous allons partir de la constatation que **le BONHEUR,** chez les humains, est **l'état de la personne** chez laquelle, il y a une **concordance** entre ce pour quoi elle sait être faite, qui représente sa **« raison d'être »,** avec ce qu'elle réalise concrètement dans sa vie.

La première démarche sera donc de connaître **notre « raison d'être »,** dont il est nécessaire de préciser l'origine et la nature

AVONS-NOUS TOUS UNE RAISON D'ÊTRE ? ET LAQUELLE ?

S'agit-t-il d'une proposition qui, à chacun, nous est présentée, conseillée ou imposée…..et par qui? Varie-t-elle d'une personne humaine à l'autre ?

La Bible nous donne une réponse à ces questions en nous expliquant, dés le début de la Genèse, que **Dieu nous a tous façonnés en « êtres d'Amour »,** car créés à **« à son image »** (Gn chapitre 1, verset 27). Nous sommes **destinés à être aimés et à aimer,** en agissant en conformité avec ce que Dieu, notre Créateur, nous indique comme étant le Bien et en rejetant ce qu'il détermine comme étant le Mal ! **C'est notre « raison d'être »,** une sorte de « marque de fabrique ». Mais chacun de nous, les humains, a, par contre, la possibilité **d'accepter ce que Dieu nous propose ainsi comme « raison d'être» ou de le rejeter !** On voit par là que nous sommes créés **LIBRES** de choisir comment penser et agir, et non de nous comporter comme de simples robots. Toutefois, les humains doivent reconnaître clairement que la **détermination du Bien et du Mal est du domaine réservé à la Toute Puissance du Créateur.**

Contester la réservation de ce droit est une contestation de Dieu Lui-même, une tentative de s'ériger en son propre Dieu et Créateur, perspective que Satan fait miroiter aux yeux d'Adam (cf Gn chapitre 3, versets 4 et5)!

Conséquence de la **liberté de l'homme,** une partie de l'humanité va pouvoir contester la « raison d'être » qu'est l'Amour, telle que Dieu nous la propose et se forger une autre « raison d'être » à partir de ses « désirs ». Dés lors, ceux qui font ce dernier choix délibérément se mettent dans l'incapacité de parvenir au **BONHEUR** du ROYAUME ! Ils se limitent, d'eux-mêmes, à la satisfaction éventuelle de désirs qu'ils ont forgés eux-mêmes, **en opposition à Dieu**. Nous avons donc la grande responsabilité de choisir ou de refuser l'AMOUR comme « raison d'être », **proposée par notre Créateur**! C'est là le « choix fondamental » de l'homme !

NB On peut trouver aussi une ébauche de définition du Bonheur, au chapitre 1 du tome 2 de la série de livres intitulée : « réponses chrétiennes à quelques questions », du même auteur, publiée par les éditions « croix du salut » Sarrebrück RFA)!

CHAPITRE 2

CONCORDANCE ET DISCORDANCE

EN QUOI CONSISTENT CONCORDANCE ET DISCORDANCE ?

La **concordance,** évoquée au début du premier chapitre et qui mène au BONHEUR, doit donc se faire entre ce que nous réalisons dans le concret de notre vie et l'AMOUR, qui est notre « raison d'être » proposée par Dieu. C'est **la valeur inégalable de l'Amour** qui doit marquer **positivement** nos pensées et nos actes !

La **discordance**, par contre, entre la « raison d'être » proposée par Dieu, à savoir l'AMOUR et une vie concrète en opposition à l'AMOUR est assimilable à un **Malheur.**

L'origine de cette discordance peut être **le refus** catégorique de faire de l'AMOUR la « raison d'être » de notre vie lors de notre **« choix fondamental » !** C'est, comme on vient de le voir, suivre le « conseil » de Satan à Adam de devenir lui-même son propre dieu.

Mais nous tombons aussi dans la **discordance** à chaque fois que nous nous opposons à l'AMOUR sous la forme du PÊCHE formel. Et ceci, même si notre « choix fondamental » a été de vouloir consacrer notre vie à l'AMOUR, en faisant de celui-ci notre « raison d'être » !

Cette **discordance** là est, en partie au moins, la conséquence de la cassure, survenue au début de l'humanité, du fait de l'homme, entre lui et Dieu, et ayant entraîné le « péché originel ». C'est **la réparation des conséquences blessantes** de cette cassure que Dieu a opérée par **le Salut** apporté à l'humanité par le sacrifice du Christ !

C'est le redressement d'un « choix fondamental » inapproprié de **« discordance »,** qu'apporte **le Baptême** dans l'eau et l'Esprit et qui vient, lui, rouvrir le chemin du BONHEUR pour tous ceux qui suivent l'affirmation de Paul dans la lettre aux romains (chapitre 10 verset 10) : « si tes lèvres proclament que Jésus est Seigneur, si tu crois dans ton cœur qu'il est ressuscité des morts…alors tu seras sauvé ! »

C'est ensuite la remise de tout péché par la **Miséricorde de Dieu**, concrétisée par **le sacrement de Réconciliation !**

Pour arriver à l'état de concordance du BONHEUR, l'homme a parfois pensé qu'il suffisait d'éliminer toute cause de MALHEUR. Mais le BONHEUR ne se réduit pas à un « non MALHEUR » ! Il est recherche active, **réalisation positive d'Amour**.

Dans la doctrine fondamentale de Gautama, fondateur du Boudhisme, l'élimination volontaire de tout désir tendait à éliminer la souffrance résultant de « naissance, maladie, vieillesse et mort…. ! » et permettre d'accéder ainsi à « l'illumination » personnelle !

Mais parvenu à ce stade de la recherche du BONHEUR, l'homme n'est pas encore arrivé au but **s'il n'a pas, positivement, le DESIR d'aimer Dieu et son prochain comme lui-même et de le concrétiser, dans la « concordance » !**

Le **Désir** qui débouche sur une relation d'AMOUR de l'homme vis-à-vis de Dieu, du prochain et de lui-même, le fait déjà approcher du BONHEUR existant dans la relation divine Trinitaire, source de la félicité du « Royaume de Dieu » !

Animé par ce Désir, l'homme, accepte une dépendance vis-à-vis de Dieu dans une **confiance** de plus en plus complète, y compris pour **la détermination du Bien et du Mal** qu'il laisse à Dieu Seul !

Tout cela est magistralement exposé dans la Bible, au début de la Genèse.

On peut en conclure la nécessité, pour l'homme, d'accepter et même de **désirer** la participation au BONHEUR de la Trinité Divine **<u>par une dépendance d'Amour dans la confiance</u>**, laquelle transformera sa croyance en Dieu en Foi véritable !

En ce qui concerne notre **« raison d'être »,** chacun de nous, les humains, peut donc la découvrir en lui, s'il la cherche vraiment, sous la forme de **<u>l'attirance pour l'Amour !</u>** Mais, comme on l'a vu plus haut, chacun peut s'ouvrir ou se fermer à cette attirance : c'est là le choix primordial de notre vie, entre l'«ouverture fondamentale » à l'Amour ou la « fermeture fondamentale ». **Si nous accueillons cette attirance pour l'Amour nous nous ouvrons à lui et reconnaissons que nous sommes, chacun, un « être d'Amour », <u>dont la « raison d'être » est : être aimé et aimer !</u>**

QUELLES sont les conditions pour accueillir cette « attirance à l'AMOUR » ? Cet accueil ne peut se fonder valablement que sur une **CERTITUDE,** celle de la Valeur inégalable de cet AMOUR auquel nous décidons alors de nous ouvrir!

QUESTION : La personne humaine peut-t-elle atteindre la **certitude** de LA **VALEUR INEGALABLE DE L'AMOUR**?

Nous allons voir plus loin qu'à partir de son seul cerveau ou « ordinateur cérébral », l'homme ne peut, d'une façon générale, produire aucune certitude, mais que son esprit, par contre, peut **recevoir des certitudes……de la part de Dieu!**

Dans le cas de la « concordance » décrite plus haut, dans l'état de BONHEUR, il y a alors une **« satisfaction »,** à des « degrés » divers, qui jalonnent le « chemin du Bonheur dans et par l'AMOUR».

Le parcours de ce chemin **vise jusqu'à la « plénitude » du BONHEUR caractérisant le Royaume de Dieu promis par le Christ !**

Il y a donc un lien inéluctable entre l'AMOUR et le BONHEUR. Et même, vu ce qui précède, on peut affirmer qu'il **n'y a pas de BONHEUR sans l'AMOUR !**

CHAPITRE 3

ROLE DE L'ESPRIT HUMAIN DANS L'ETAT DE BONHEUR

L'état de Bonheur « infuse » les différentes parties de la personne humaine que sont le corps, l'âme et l'esprit (cf Première lettre aux thessaloniciens 5,23 décrivant la personne humaine). Cet état concerne tout particulièrement l'**esprit, sans la participation duquel le BONHEUR ne pourrait surpasser, en nous une simple et limitée satisfaction des sens ni même exister!**

Cette affirmation du nécessaire rôle de l'esprit suppose évidement **l'existence de l' «esprit» chez la personne humaine**, ce que contestent les matérialistes ! **On comprend donc** à quel point, **dans notre recherche du BONHEUR, il est important de prouver l'existence, en nous, d'un esprit immatériel capable, lui, de connaître cette** certitude concernant le rôle inégalable de l'AMOUR dans l'obtention du BONHEUR !

ARGUMENTATION CONCERNANT L'EXISTENCE DE L'ESPRIT

Il est de fait que l'humanité se partage entre **matérialistes,** niant toute réalité autre que la matière au sens large et **spiritualistes,** reconnaissant en plus, entre autres, à la personne humaine, la possession d'un **esprit.**

La justification de **l'existence de cet esprit en chacun de nous** a été présentée dans la Première partie du « Petit catéchisme familial » et dans la série de livres indiquée plus haut (Tome1, chapitre 1 – Tome 4, chapitre 1).

Il nous faut partir de la notion de **CERTITUDE**. Nous savons que notre corps est fait de matière. Avec le cerveau, il détient ce que l'on peut appeler un « ordinateur cérébral », qui tient le rôle de tout ordinateur.

Ce rôle est de traiter, à l'aide de « logiciels», les informations qui lui sont fournies et, après traitement, d'en tirer des **conclusions** sous la forme de « raisonnements » ou « pensées », pouvant déboucher sur des actions, conséquences en quelque sorte « réflexes» de ce qui a été traité en amont.

Or, nos raisonnements, nos pensées, issus de notre ordinateur cérébral, **ne peuvent déboucher sur des certitudes** ! Certes, nous partons de la réalité que sont les données, scientifiquement vérifiables, entrées dans l'ordinateur cérébral ! En fin de course, nous obtenons des **« convictions »,** suffisantes pour mener notre vie courante ! Mais pour obtenir des **certitudes,** il faudrait que nous ayons connaissance complète de…**la réalité** qui est au-delà de ce que nous connaissons et qui fuit sans cesse devant nous !

En effet, **dans l'infini**, aussi bien temporel que spatial, pourraient se trouver des réalités venant contredire nos « convictions ».

L'accès à l'infini de notre ordinateur cérébral est impossible, comme il l'est aux merveilleuses machines manipulant « l'intelligence artificielle » !

La notion même d'infini provoque une sorte de « bug » ! On doit donc conclure que **la partie matérielle de notre personne humaine ne peut, par elle-même, avoir accès à la certitude !** Notre ordinateur cérébral, s'il peut « produire » la pensée et le raisonnement, **ne peut, par contre, nous apporter de certitude.**

Or, **nous avons au moins une certitude, celle d'exister** et qui, ne pouvant venir de notre « ordinateur cérébral », comme on vient de le voir, **ne peut venir que d'une autre structure de notre personne. Il s'agit de celle, immatérielle, que l'on appelle « esprit » !** Cet **esprit** est capable de choix **libre**, de discernement, désir, volonté et aussi de….**CERTITUDES!** La nécessaire existence de notre esprit, pour expliquer notre certitude d'exister et éventuellement d'autres, **telle que la valeur inégalable de l'Amour**, est ainsi démontrée !

CARACTERE PERSONNEL DE NOS CERTITUDES

Puisque la certitude habite notre esprit, elle a, au regard de certains, un caractère « personnel » qui les fait douter de son « objectivité ». **L'objectivité**, c'est un rapport positif à la Réalité tel que toute personne douée d' objectivité reconnaît **l'existence de ce qui lui est prouvé comme étant réel**. Cette existence est une vérité. On arrive ainsi à la VERITE comme expression de la Réalité. Mais, de même qu'il y a, dans la Réalité, ce qui est « superficiel », saisissable par notre « ordinateur cérébral » et ce qui lui est « impossible à saisir » du fait de son incapacité devant l'infini, de même il y a la Vérité « superficielle », accessible « objectivement » normalement par tous et la « Vérité profonde », en relation avec l'infini !

L'accès à cette dernière ne peut donc se faire que par une voie autre que celle de notre ordinateur cérébral auquel l'infini reste inaccessible!

Tout cela est exprimé, de façon saisissante, dans le dialogue entre Jésus et Pilate, relaté dans l'évangile de Jean (Jn 18, 33-38). Pilate reste dans la « Vérité superficielle » quand il déclare son célèbre et désabusé : « qu'est-ce que la vérité ?». En ce cas, alors, nulle « certitude » ne peut intervenir dans le jugement qu'il va rendre, cyniquement, en « s'en lavant les mains » ! Jésus, au contraire, lui propose de s'ouvrir à la **Vérité Profonde qu'il est ....Lui-même !** N'a-t-il pas affirmé « .. je suis le Chemin, **la Vérité** et la Vie !». Dans ce dernier cas, **c'est par la voie de cette Vérité Profonde seulement que la certitude est accessible, par l'esprit de qui accueille cette Vérité là** ! Cet accueil rejoint celui, nécessaire comme on l'a vu plus haut, de la Valeur inégalable de l'AMOUR ! D'où l'exclamation du psalmiste dans le psaume : « Amour et vérité se rencontrent.... » !

Restera, ensuite, pour cette personne arrivée à la **certitude** de la « Valeur inégalable de l'Amour » à s'assurer que cela **provient bien de l'Esprit de Dieu**, promis par le Christ à ses disciples lors de ses adieux. Cette rassurante provenance se **déduit du BIEN même que produit cette « certitude »** et de la protection qu'elle opère vis-à-vis du MAL! (on juge l'arbre à ses fruits) ! Bien entendu**, par ailleurs, la distinction** entre BIEN et MAL, (pour juger des fruits d'une « certitude »), doit suivre, comme on l'a vu plus haut, celle que Dieu seul a déterminée, légitimement, comme il est affirmé dans le début de la Genèse chapitre 3, et non celle que prétendent établir les hommes de leur propre chef, comme a voulu le faire ADAM !

En conclusion, nous pouvons affirmer que nous avons chacun un **esprit**, capable de concevoir, avec **certitude,** la **Valeur inégalable de cet AMOUR** qui nous caractérise **en tant qu'être d'Amour, nous fournit ainsi notre « raison d'être » et nous invite à la concordance entre celle-ci, et le concret de notre vie,** en **vue du BONHEUR pour lequel nous avons été créés !**

Les **certitudes** auxquelles accède **l'esprit humain** lui parviennent donc par une voie autre que « la raison » et vont l'aider à établir les **relations indispensables** avec son corps, avec les autres humains, les autres esprits et enfin avec l'Esprit de Dieu, **pour parvenir au Bonheur !**

CHAPITRE 4

RELATIONS DE L'ESPRIT HUMAIN avec le corps, avec les autres humains, les « esprits » et avec Dieu.

RELATION ENTRE ESPRIT ET CORPS CHEZ LA PERSONNE HUMAINE

Notre **esprit** est relié à notre **corps** matériel, y compris notre **« ordinateur cérébral », et dans les deux sens,** par une structure de transmission **que l'on appelle l'« âme ».** Cf 1ère lettre de Paul aux Thessaloniciens, chapitre 5, verset 23.

Cette structure de transmission, comporte deux « assises », comme un pont suspendu. L'une, **âme spirituelle** est reliée à l'esprit, **immortelle** comme lui et l'autre, **l'âme corporelle**, est reliée au corps dont elle partagera la destinée de dégradation après la mort ! (cf le schéma n°1 sur la personne humaine du « Petit catéchisme familial »).

L'esprit, ainsi que le corps, font l'objet d'une **maturation** à partir du moment même de la formation de la personne humaine.

Cette formation résulte de l'union, lors de la conception, des facteurs masculin et féminin destinés à cet effet. Cela n'a rien à voir avec certaines manipulations dégradantes pour la dignité de la Personne humaine, inventées par des « déconstructeurs » de cette dignité. Par contre, il est légitime, bien entendu, de faciliter, dans certains cas, le déroulement des processus naturels !

L'esprit, de son côté, donne des ordres destinés à l'effecteur qu'est le corps. Pour parvenir à celui-ci et concrétiser l'ordre, il y a passage par cette structure de transmission qu'est « l'âme », avec possible modulation au cours de ce trajet. L'ordre arrive ensuite à des effecteurs corporels, dont notre ordinateur cérébral.

De cela résulte cette constatation capitale que, si cet esprit n'existait pas et donc n'intervenait pas, la « personne humaine » **serait régie complètement par des réactions uniquement « réflexes»**, émanant directement de l'ordinateur cérébral et non par la « volonté » qui émanerait d'un « esprit »…. Inexistant !

Si le circuit par lequel sera concrétisé l'ordre émanant de l'esprit est altéré à l'une où l'autre étape, il s'en suit **un état d'inaction** qui fait parfois qualifier de « légume », injustement d'ailleurs, la personne ainsi handicapée ! Elle reste toutefois capable d'actions **reflexes** régies par l'ordinateur cérébral.

C'était le cas, exemplaire, rapporté par le docteur Robert Sachs dans son livre « l'eveil », de ses malades porteurs de séquelles d'encéphalite léthargique, qui étaient incapables de se servir d'une balle de ping pong mise dans leur main, mais qui s'en saisissaient au vol **de façon réflexe et involontaire** quand on la leur envoyait ! Leur esprit semblait bloqué car il ne pouvait transmettre aux effecteurs ce que la volonté avait éventuellement décidé au niveau de l'esprit !

Mais le blocage se situait, en fait, au niveau du cerveau et quand Sachs réussissait à lever le blocage au niveau cérébral par l'usage de L DOPA, la concrétisation de la volonté devenait complète, à partir de l'esprit, comme si le blocage n'avait jamais existé. Ceci alors que le blocage durait parfois depuis des années (jusqu'à 50 ans dans un cas !).(cf le livre et le film « L'EVEIL »). Il y avait eu comme une « mise entre parenthèse » du temps !

On peut en conclure l'importance de notre esprit, ainsi qu'une certaine « relativité » de la notion de temps, telle qu'on la présente habituellement!

IMPORTANCE DE LA RELATION ENTRE CORPS ET ESPRIT HUMAIN.

Nous venons de voir comment l'esprit peut influencer le corps. L'inverse est bien connu, sans cesse vêcu par nous et soumis à de nombreuses influences !

Comme on vient de le voir plus haut, si la « personne humaine » était limitée à sa partie « matérielle », dont son ordinateur cérébral, et privée d'esprit, elle n'aurait aucune « liberté » réelle, car elle serait entièrement régie de façon « réflexe », sans que puisse intervenir de « choix » modulateur, caractéristique d'une LIBERTE relevant des capacités de notre esprit !

C'est donc logiquement que les régimes dictatoriaux **matérialistes** refusent la liberté à leurs ressortissants !

Par une voie différente, mais guère meilleure, le **transhumanisme** nous offre une « Liberté » finalement illusoire, car les simples citoyens que nous sommes, croulent sous un amoncellement de « règlements » impossibles à intégrer et dont la compréhension est réservée à une « élite » qui les a édictés, de plus en plus coupée de la masse des non initiés, laissés « au bord de la route » de la connaissance. Ainsi s'installe d'ailleurs une situation sociale « explosive » ! On peut donc s'interroger sur la légitimité d'un tel « élitisme » !

RELATION ENTRE PERSONNES HUMAINES

Elle fait intervenir les différentes structures des personnes concernées, corps, âme, esprit, avec prédominance de l'une ou l'autre éventuellement. Si, en sortant dans la rue, je suis soudain agressé physiquement par un individu, c'est mon corps qui entre en relation avec son corps à lui, mais mon esprit va, sans tarder, appréhender la situation… et essayer de rejoindre l'esprit de l'autre pour comprendre et agir en conséquence !

Nous aurions tort de penser qu'une relation avec une autre personne humaine puisse intéresser uniquement les corps et soit sans retentissement sur les esprits ! Le matérialisme engendre facilement une telle erreur, dommageable, entre autres, pour une vie en couple !

RELATION AVEC D'AUTRES PERSONNES QU'HUMAINES

Par contre, avec des **personnes immatérielles,** notre esprit peut entrer en relation, mais sans intervention directe de notre corps ! Ce qui n'empêche pas **cette relation d'esprit à esprit** d'avoir ensuite un retentissement sur la partie matérielle de notre personne.

Mais par quel moyen de communication peut donc se faire cette relation ? Certainement pas par les moyens, analysables, relevant de la partie matérielle de notre personne, mais par des moyens « spirituels », en partie au moins **non analysables à partir de nos connaissances.** Ceci alors que ces « esprits », devenus nos interlocuteurs, détiennent possiblement, eux, une connaissance de certaines réalités nous concernant, sans doute plus importante que celle que nous avons d'eux! Par contre, nous sommes en mesure de connaitre et d'évaluer les conséquences, sur nous, de leurs interventions. En effet, en examinant et en évaluant les conséquences de celles-ci, et selon le principe qu'on juge l'arbre à ses fruits, nous pourrons attribuer l'étiquette « bons » ou « mauvais », à ces « esprits » et les classer selon ces qualificatifs!

Très logiquement, avec les « bons esprits », nous aborderons une relation dans la confiance, premier pas de l'Amour. Il ne peut en découler que du Bien, dans le cadre de ce que l'on appelle la « communion des Saints » et une intercession de ces « bons esprits » peut obtenir ce que nous sollicitons de juste dans la prière !

Par contre, nous éviterons d'entrer en relation avec les « mauvais esprits », car le bon sens populaire dit bien : « on ne cause pas avec le Diable »....ni avec ses « dalons » bien sur !

Mais c'est sans désir ni même consentement de notre part que nous pouvons nous retrouver en contact d'esprits mauvais et sous leur influence, ceci dans le cadre de **« l'infestation maligne » !**

INFESTATION MALIGNE

Elle fait l'objet du chapitre 6 du tome 2 de la série « Réponses chrétiennes à quelques questions » où sont traités les trois degrés de cette infestation maligne : oppression, obsession et possession. Nous aurons l'occasion, plus loin, d'aborder ce sujet ? Mais nous pouvons déjà parler de la perturbation relationnelle que crée, dans le milieu familial par exemple, la suspicion qu'un membre de la famille soit « possédé» par un « mauvais esprit ». En fait, la plupart du temps il subit, certes, une « oppression », comme tout un chacun et parfois, sans doute, une « obsession », mais il n'est pas « possédé » ! Ces cas se présentent de façon quasi stéréotypée : à un moment donné, mais en présence de public familial, le supposé « possédé » change de voix, prend une intonation qui évoque celle d'un membre défunt de la famille, mais sur un registre effrayant, avec évocations entraînant la peur panique de l'entourage et la conviction que celui qui parle de cette façon est « habité » ! De plus cette personne, soupçonnée d'être possédée, présente volontiers des « manifestations déplacées » quand elle se trouve au contacte de symboles ou lieux religieux ! Cela s'exprime par des mouvements intempestifs, cris, perturbation de l'ambiance sacrée du lieu......etc Cela évoque une « obsession », deuxième degré de l'infestation maligne !

Ces anomalies de comportement entraînent un malaise chez les assistants et une profonde souffrance chez « l'acteur » qu'on aurait tort de supposer jouer consciemment la comédie. Il faut, au contraire, « l'accompagner » très sérieusement pour mettre à jour le processus qui, dans le cas où une infestation maligne du type « possession » a été éliminée, a entraîné cette **« pseudo possession »** !

On comprend la perturbation des problèmes relationnels avec son entourage qu'entraîne la suspicion de « possession » d'une personne et la **nécessité**, outre parfois d'un traitement médical des conséquences fâcheuses, d'un suivi psycho spirituel adéquat !

RELATION AVEC L'ESPRIT, PERSONNE DE LA TRINITE DIVINE

Elle ne se présente pas comme les « relations » que l'on vient de voir, plus haut! Mais elle a une importance capitale dans le développement des capacités de notre esprit, dont, entre autres, celle **d'obtenir, de cet ESPRIT, des certitudes, telles que celle du « je suis »,** qui est le fondement même de notre personnalité humaine, mais aussi de celle de Dieu ! (cf TOB Exode chapitre 3, versets 13-14 où Dieu se définit Lui-même comme étant le « Je suis Celui qui est»).

Pour cette relation, la communication se fait, dans les deux sens, entre notre esprit et l'Esprit de la Trinité divine, de la façon présentée par Paul dans la lettre aux romains, au chapitre 8, verset 8.... : « Or vous, vous n'êtes pas sous l'empire de la chair, mais de l'ESPRIT, puisque l'ESPRIT de DIEU habite en vous.... ».et, au verset 16 « Cet ESPRIT lui-même atteste à notre esprit que nous sommes enfants de DIEU ». **Ainsi, la voie de communication entre LUI et nous empruntée par l'ESPRIT lui est propre, indescriptible dans sa forme mais merveilleuse dans son efficacité puisqu'elle entraine une CERTITUDE positive chez l'esprit du récepteur,** alors que la pensée et le raisonnement issus de notre ordinateur cérébral sont incapables de la lui fournir !

Cette expérience de réception d'une certitude de la part de l'ESPRIT de Dieu est « personnelle » et peut nous surprendre au moment où on s'y attend le moins. **Elle est d'une intensité qui ne laisse aucune place au doute ! ....je puis l'attester formellement et souhaite partager cette grâce de Dieu avec toutes les personnes de bonne volonté....à la suite de Paul qui l'a vêcue devant Damas il y a prés de 2000 ans !**

. Mais **ceci à la condition** que notre esprit soit dans l'attitude d'humilité vis-à-vis de son Créateur et donc à sa **« juste place » par rapport à Lui, celle de bénéficiaire de son Amour et de sa Miséricorde, en vue de partager le Bonheur en plénitude de la Trinité divine!**

A la condition, aussi, de **choisir fondamentalement l'OUVERTURE par rapport à l'AMOUR et en rejetant donc, par une résistance efficace, la FERMETURE à l'AMOUR** où Satan veut nous entraîner. Cette voie de Malheur, Satan, comme on le sait, y a entraîné Adam et, par là, a créé, pour toute l'humanité, le risque de s'y perdre.

La même tentative qu'avec Adam, pour entraîner notre Malheur, est renouvelée par Satan **vis-à-vis de chacun de nous !**

Déjà à l'occasion du choix entre le BIEN et le MAL. Ce **« choix fondamental de vie », apparenté à notre « raison d'être »,** est fait par chacun ! Il est ensuite confirmé ou changé, à tous les instants de notre vie, lors des choix ultérieurs que nous sommes amenés à y faire, à chaque fois, entre **le Bien et le Mal. Ces choix, nous les faisons à la lumière de la détermination entre BIEN et MAL qu'en a faite Dieu. Cette détermination,** Dieu se l'est strictement **réservée, comme on l'a vu plus haut**! Il a, en effet, sous la forme figurée du fameux « fruit défendu», interdit à Adam d'y accéder ! Et c'est donc en voulant s'adjuger le pouvoir de cette détermination qu'Adam a cassé sa relation de confiance envers Dieu et provoqué son Malheur.

Lors de tous les choix que nous posons dans notre vie, là encore, Satan est à l'affut, avec son panel de **tentations de désobéissance envers Dieu,** pour nous entraîner dans le Malheur !

Mais Dieu, pour maintenir son Plan de Bonheur pour l'humanité, après la désobéissance et la révolte de l'homme contre Lui, a imaginé, dans son Amour infini, **cette « parade » qu'est le Salut**.

Celui-ci, Dieu l'a totalement réalisé, en et par le FILS Bien Aimé, JESUS-CHRIST, qui l'a accompli **librement**, par l'effet de son Amour!

CHAPITRE 5

ROLE DE LA LIBERTE DANS L'OBTENTION DE NOTRE BONHEUR

De notre côté, cet **AMOUR** sur lequel et grâce auquel va se construire en nous Le BONHEUR promis par le Salut, nous devons, **en toute liberté** y adhérer. Ceci déjà lors du « choix fondamental », puis en toutes occasions où nous avons à choisir par la suite ! C'est pourquoi chaque personne humaine est créée LIBRE.

Cette **LIBERTE**, c'est donc la **capacité de choisir :**

- Lors du **« choix fondamental** », de faire confiance à Dieu quand il nous assure que notre Bonheur ne peut venir que par l'Amour et nous maintenir ensuite dans le **« choix de vie » qui en découle !**
- Lorsqu'il s'agit de résister à la **tentation** suscitée par Satan, choisir de **confirmer notre confiance en Dieu** qui **transforme alors en FOI notre simple croyance !**
- Si nous avons succombé à la tentation, faire le choix de demander Pardon, d'entrer dans le repentir et la « réparation ».

En nous donnant **cette liberté de choisir ou non** de lui faire confiance pour la réalisation de notre BONHEUR par l'AMOUR, DIEU prend ce **risque qui caractérise le deuxième « volet » de l' Amour**, celui de ne pas bénéficier peut-être du retour de cet Amour, donné par LUI à l'humanité selon le premier volet de l'AMOUR, celui du DON.

Force est bien de constater, en effet, que beaucoup de personnes humaines manifestent à l'égard de leur Créateur et Sauveur une indifférence totale….quand ce n'est pas une hostilité ou même une haine ! Le risque existe bel et bien, pour Dieu, d'un « non-retour » de son Amour envers l'humanité !

Mais cette prise de risque est l'expression même de l'infini de son AMOUR! C'est aussi une invitation à l'imiter, en prenant « le risque de l'Amour » dans certaines circonstances, selon le deuxième volet de l'AMOUR !

Logiquement, les humains devraient reconnaître qu'en mettant en nous une aspiration fondamentale à être aimé et à aimer, en tant qu' « êtres d'Amour », Dieu nous a ouvert le chemin du BONHEUR. Ce chemin, il l'a rétabli par le Salut. A nous, dans la LIBERTE que Dieu nous a octroyée, de nous lancer sur ce chemin du BONHEUR !

Notre but, en tant que personne humaine libre, c'est d'atteindre le « **Bonheur en plénitude»**, qui ne peut être que celui, en croissance éternelle vers l'INFINI, existant entre les trois personnes divines, **Père, Fils, Esprit, source de l'Amour et, de ce fait, ...source du Bonheur, car les deux sont liés, comme on vient de le voir!**

De plus, si l'expérience et le bon sens montrent qu'il faut aimer pour être heureux et libre pour aimer**, il faut donc être libre pour obtenir notre BONHEUR**!

CHAPITRE 6

COMMENT OBTENIR CONCRETEMENT NOTRE BONHEUR ?

Notre démarche, sur le chemin menant au **BONHEUR** comportera

-Tout d'abord, en positif, les **conditions à remplir** pour parvenir au BONHEUR.

- Et aussi l'élimination des **obstacles**, dont, comme on l'a vu plus haut, ceux qui entravent notre LIBERTE. Pour cela, on approfondira notre étude des **EMPRISES**, en vue de leur élimination la plus complète possible !

CONDITIONS A REMPLIR POUR OBTENIR NOTRE BONHEUR:

Nous avons des habitudes et positions à abandonner et d'autres...à adopter !

a)- Ainsi, nous devons **abandonner la contestation systématique**, comme celle de ces gamins irresponsables, cités par le Seigneur Jésus, qui s'invectivent sur les places et **se « ferment** » vis-à-vis les uns des autres... !

Cette **« fermeture »,** envers l'AMOUR, c'est celle que, comme on l'a vu plus haut, Satan suggérait à Adam, pour précipiter l'humanité entière dans le Malheur, en la coupant de Dieu !

b)-Choisir **une ouverture fondamentale à l'Amour, qui doit être la base de l'orientation notre vie**! Cette ouverture à l'AMOUR doit, ensuite, inspirer les choix successifs à faire, au fur et à mesure, dans toutes les circonstances de notre vie :

- En premier, donc, **choix fondamental d'orientation de vie,** d'après l'adoption **de « valeurs fondamentales »** posées par notre Créateur, expliquées dans la Parole de Dieu, reprises normalement par l'Eglise, mais pas toujours par la législation civile....tant s'en faut !
- Ensuite, choix successifs dans la vie de tous les jours, au gré des circonstances et dans la lignée des « valeurs » évoquées ci dessus !

c)-Il nous faut entrer dans la **FOI en passant de la simple croyance à la CONFIANCE** et la concrétiser par le Baptême quand la Bonne Nouvelle est venue jusqu'à nous !

Nous obtiendrons alors, par cette FOI, notre **justification** et notre salut, comme il est affirmé dans la lettre aux romains 10, 9 et déjà évoqué plus haut: « si ta bouche confesse que Jésus est Seigneur, si tu crois dans ton cœur qu'il est ressuscité des morts, alors tu seras sauvé! ».

d)- Ceci étant, nous avons encore à nous mettre à **notre juste place** en choisissant « la dernière » et laissant à Dieu le soin de nous faire « monter » s'il le juge bon ! (cf Luc 14, 7-13 qui est une mise en garde contre le désir de puissance)!

e)-Recourir, pour discerner et respecter **les véritables Valeurs**, à ce que nous en dit la « PAROLE DE DIEU », transmise en Eglise.

f)- Servir Dieu et non Mamon, c'est-à-dire donner à l'argent son statut utilitaire, sans en faire le maitre de notre vie, laquelle est, au contraire, au service de Dieu!

g)- Pratiquer **la « justice de Dieu »** et renoncer à la **« justice des hommes »** ....distinction capitale qui sera développée plus loin!

h)-Entrer vraiment dans la « communion des saints » qui est l'expression dans le concret de l'observance du **Premier commandement** : « Tu aimeras le Seigneur ton Dieu... » et du second qui lui est semblable : « Tu aimeras ton prochain comme toi-même ! », car tout se tient, dans la voie du Salut et du Bonheur !

Les comportements que nous devons adopter, pour obtenir notre Bonheur, conformément aux recommandations ci dessus, sont résumés dans les BEATITUDES !

LES BEATITUDES

Elles ont été bien définies et présentées par le Seigneur Jésus, et sont un véritable « mode d'emploi pour le Bonheur » (cf Mt 5, 3-12 ...Lc 6, 20-26).

La première est de GARDER NOTRE **CŒUR OUVERT** EN EVITANT DE L'ENCOMBRER PAR des quantités de désirs pour le moins superflus et, pour le pire, nous détournant de l'Amour !

La dernière Béatitude de la liste nous avertit des exactions et souffrances que nous vaudra la fidélité à toutes les BEATITUDES, sur le chemin du BONHEUR !

Entre ces deux « Béatitudes » nous sont proposés, avec toutes les autres, les moyens concrets, dans toutes les situations, pour y appliquer les VALEURS procédant du Premier et plus grand commandement !

LES DEUX PILIERS DU BONHEUR : AMOUR ET LIBERTE

De tout ce qui vient d'être examiné dans le cadre de la recherche du BONHEUR émerge le rôle indispensable de l'AMOUR et de la LIBERTE dont l'interaction, d'ailleurs, est capitale !

INTERACTION ENTRE AMOUR ET LIBERTE

l'AMOUR exige la LIBERTE de la personne : on ne pourra jamais obliger quelqu'un à aimer **! Il faut être libre pour AIMER**

La plénitude du BONHEUR ne s'obtient que par l'AMOUR ! En effet :

- ceux qui estiment que leur « raison d'être» est l'Amour recherchent alors leur « Bonheur » dans la **concordance** entre cette « raison d'être » et **leur vie concrète !**
- ceux qui ne reconnaissent pas, en eux, cette « raison d'être » et donc la nécessité de l'Amour dans la réalisation du Bonheur, ne rechercherons pas l'Amour **ou même le combattront** !

Pour autant, parmi ceux qui nient en eux le « besoin fondamental d'être aimé et d'aimer », caractéristique d'une « raison d'être » qu'ils semblent ignorer, **certains montrent que leur vie est cependant parfois animée concrètement par l'Amour !**

Et, en sens contraire, parmi ceux qui proclament l'amour comme leur « raison d'être » et disent chercher la « **concordance** » entre cette « raison d'être » et leur vie, **certains font tout le contraire de ce que préconise l'Amour!**

EXAMEN DES DEUX PILIERS DE L'OBTENTION DU BONHEUR

LE PILIER AMOUR

Il faut définir **ce qu'est réellement cet Amour**, nécessaire au Bonheur, en sachant que les imitations mensongères sont légion et connaissent un grand succès parmi les humains !

Ce qu'est l'Amour a fait l'objet du chapitre 2 du Tome 2 de la même série, montrant que l'Amour est le propre d'une « personne » et comporte deux volets. **Le premier est celui,** par la personne qui aime **à celle qui est aimée**, **du « Don** » de tout ce qui est nécessaire **au Bonheur véritable de cette dernière**, même si cela entraine des sacrifices douloureux !

Le deuxième est, pour la personne qui a « donné », **l'acceptation du risque** pris, en « donnant »...**de n'être pas payée d'Amour en retour »** ! Cette «prise de risque » suppose une **confiance** envers le bénéficiaire du **Don du premier volet**, ce qui est encore plus difficile que les sacrifices évoqués à propos de ce Don. Le plus magnifique exemple en est donné par le Seigneur Jésus, offrant sa vie sur la croix ....**au risque** de ne pas être aimé en retour et pardonnant à ses bourreaux en lançant ce cri de « Père pardonne leur, car ils ne savent pas ce qu'ils font » !

En fait, cette réalité d'être créés pour« être aimés et aimer », elle peut sommeiller en nous, concurrencée par le désir d'être chacun notre « propre dieu » suivant la promesse de Satan à Adam et Eve (cf Genèse chap 3 verset 4). Mais, au milieu de cette fermeture initiale à l'Amour, peut surgir **la découverte de l'Amour inimaginable du Christ pour chacun de nous** et, en corolaire, une ouverture à l'AMOUR, véritable conversion et libération, orientant notre vie vers le BONHEUR !

Voir, ainsi, la **conversion** de Paul devant Damas... et de beaucoup d'hommes, espérons le, un jour ou l'autre, même au seuil de la mort ! Car c'est bien pour le BONHEUR que nous avons été créés et sauvés par le Christ JESUS !

LE PILIER LIBERTE

Nous savons, par expérience, que notre BONHEUR se réalise par la **correspondance** entre, d'une part l'aspiration fondamentale à être aimé et à aimer, que nous portons tous en nous en tant qu'« être d'Amour » et, d'autre part, le concret réel de notre vie ! Encore faut-t-il que cette adhésion à l'Amour soit **librement** faite par chacun de nous. Le propre même de notre LIBERTE est de nous donner la capacité de choisir entre adhésion et refus vis-à-vis de l'AMOUR, après qu'ait été défini, comme on vient de le faire plus haut,

cet Amour, soumis à notre choix... dès lors éclairé !

Après cet « éclairage », la personne peut choisir de faire confiance à son Créateur Tout puissant et Source de cet Amour auquel il s'agit d'adhérer librement. C'est l'entrée dans une **dépendance d'Amour devant mener au Bonheur !**

Au contraire, la personne peut refuser de reconnaître dans l'Amour l'instrument nécessaire pour atteindre le BONHEUR et refuser même le qualificatif « d'être d'Amour » qu'on voudrait lui « imposer » ! Elle peut choisir l'attitude du **« point d'orgueil »** par lequel elle manifeste qu'elle n'a besoin de personne...et surtout pas de Dieu, pour obtenir ce qu'elle appelle « Bonheur» en tant qu'être libre, indépendant !

Il s'agit là, en fait, de « licence » et non de Liberté effective, car il y a ignorance ou refus d'entrer dans la « Vérité/ Réalité » profonde que représente le Seigneur Jésus Lui-même, affirmant : « je suis le chemin, la **Vérité** et la Vie ».

Cet usage dévoyé de la Liberté, venant du « Point d'orgueil » n'est donc finalement que **la licence,** qui est une **appropriation illégitime, opposée à Dieu, de la détermination du Bien et du Mal !**

En « négatif », il nous faut par ailleurs, éliminer des **obstacles**, dont, comme on l'a vu plus haut, ceux qui entravent notre LIBERTE, tels que les **EMPRISES** !

CHAPITRE 7

LES OBSTACLES AU BONHEUR.

ELIMINATION DES OBSTACLES A NOTRE BONHEUR

Est obstacle à notre BONHEUR tout ce qui nous détourne de l'AMOUR et de cette LIBERTE octroyés aux hommes par Dieu, afin de les amener à partager le BONHEUR que connait éternellement la TRINITE DIVINE.

L'EMPRISE, sous toutes ses formes, est le type même de cet obstacle majeur au BONHEUR. C'est pourquoi il est nécessaire de compléter et approfondir, dans ce qui suit, ce qui en a été déjà décrit dans plusieurs tomes de la série « Réponses chrétiennes.... » mentionnée plus haut .

LES EMPRISES

INTRODUCTION

La constatation d'emprises déplorables de certaines personnes humaines sur d'autres, est malheureusement une réalité dont il convient de prendre conscience, d'en déterminer l'origine et de travailler à leur prévention et à leur élimination si possible. Dans le tome 4 de la série : REPONSES CHRETIENNES A QUELQUES QUESTIONS (éditions « croix du salut »à Sarrebrück RFA), a été abordé ce thème des EMPRISES, en tant qu'obstacles sur le chemin de notre salut, en recherchant déjà **de la part de qui ou de quoi nous pouvions être victimes d'emprises et comment ces emprises pouvaient être détectées.**

Mais depuis lors, la recherche sur les emprises a été approfondie, à l'occasion « d'accompagnements » de personnes vivant certaines addictions les menant au désespoir ! On a pu réaliser le lien de ces états avec le phénomène des emprises et découvrir que ces addictions **procédaient d'une emprise subie par eux initialement**. A partir de cette dernière constatation est apparue **une malheureuse séquence amenant ces personnes à faire subir, éventuellement, <u>à leur tour, à autrui, des emprises majeures</u>.** A partir de là, est apparu **un remède efficace pour enrayer cette séquence** ! Il a été compris, expérimenté et s'est avéré **porteur de guérison** quand il a été accepté !

C'est pourquoi il importait de reprendre cette étude des EMPRISES, au risque d'entraîner quelques répétitions avec le récit du Tome 4, afin de **prévenir,** si possible, des menaces d'emprises, **ou sinon offrir un remède efficace à des emprises avérées!**

DÉFINITION

Les EMPRISES consistent en **prise de pouvoir** sur le libre arbitre d'une personne, pour **l'obliger à une certaine orientation de sa pensée, de son jugement, de sa volonté et potentiellement de ses actes!** Ce pouvoir est favorisé par une ascendance de fait, de la personne qui l'exerce, sur la personne qui subit l'emprise. Il y a un **trouble de la relation** entre les personnes concernées par l'emprise et cela possiblement à tous les niveaux.

Celui qui subit l'emprise n'est plus totalement libre, mais celui qui l'exerce ne l'est pas forcément non plus.

Cette définition de l'emprise montre **l'opposition formelle entre l'EMPRISE et la LIBERTE**. Or, cette liberté est une donnée essentielle de la création de l'humanité et une condition du BONHEUR, comme on l'a vu plus haut !

En accordant la LIBERTE à tous les humains, notre Créateur leur donne **accès à la source de l'AMOUR et en même temps du BONHEUR, que constitue la relation entre les trois personnes divines : Père, Fils, Esprit.**

Cette liberté, essentielle, entraîne la **capacité de choisir,** comme vu plus haut :

-soit de « s'ouvrir » à l'Amour

-soit de « se fermer » à l'Amour, ce qu'ont fait les deux premiers représentants de l'humanité : Adam et Eve, sous l'instigation de Satan, comme le montre le récit de la Genèse (Gn 3, 1-7) déjà évoqué!

Ce faisant, ils ont favorisé une certaine « emprise » du Mal, sur chaque personne humaine, ce que l'on exprime sous le terme de « péché originel ». Ils ont ainsi répandu le phénomène de « l'emprise » dans les relations interhumaines !

DIFFERENTES VARIETES D'EMPRISES

A) Selon la ou les parties de la personne concernées (**corps, âme, esprit) :**

L'emprise peut être **globale** si elle intéresse ces trois parties de la personne . Elle peut même, alors, entrainer une sidération de ses défenses face à une menace **léthale**, avec danger de mort !

Si elle est partielle, **au niveau de l'esprit**, elle peut intéresser **une seule des capacités de cet esprit**, mais peut être pas ces autres capacités que sont le discernement, le jugement, la volonté, etc... La personne ne peut plus, alors, décider **dans certains domaines, où joue l'emprise, mais elle continue à gérer d'autres domaines.**

Si c'est seulement au **niveau de l'âme** (niveau de « transmission » de la personne), que joue l'emprise, les capacités de l'esprit persistent ! Celui-ci peut rester libre de décider, mais incapable de concrétiser sa décision, puisque l'âme ne transmet pas à l'effecteur qu'est le corps, ce qui a été décidé par l'esprit!

Au niveau du corps, l'emprise peut bloquer ! La décision volontaire de tel ou tel acte peut avoir été prise par l'esprit, transmise par l'âme, mais elle ne sera pas réalisée concrètement par le corps s'il y a, à ce niveau, une incapacité d'exécution, en raison, par exemple, d'une lésion cérébrale , ou de l'action d'une quelconque substance inhibitrice, telle que drogue....etc !

Une emprise globale, comme on l'a vu plus haut, peut non seulement perturber la vie de la personne sous emprise, mais entraîner sa mort. **Un exemple effrayant en est donné par les sacrifices humains !** Ainsi ceux décrits à l'époque précolombienne en Amérique.

Tantôt ils concernaient des jeunes gens faits prisonniers lors de guerres réalisées probablement dans ce but. Tantôt ils concernaient des enfants ! Ainsi, dans l'empire du Chimor (Pérou), au 15ème siècle de notre ère, prés de la capitale CHANE CHANE, dans un site récemment mis à jour, furent sacrifiés 137 enfants de 5 à 13 ans. La mise à mort de l'enfant maintenu par la tête et les pieds, se faisait par l'incision du sternum avec extraction du cœur pour offrande vraisemblable à la divinité, ici peut-être un « dieu de la mer » ! Il faut rappeler, en effet, que le peuple chimu était venu peut-être par mer depuis le Mexique dont il continuait ainsi les pratiques et rituels de sacrifices humains! Il existe encore de nos jours, dans une région voisine d'Amérique du sud, une coutume d'amener des enfants au sommet d'un certain volcan pour les « offrir au dieu du Volcan », afin de l'apaiser .....mais heureusement en les ramenant ensuite à la maison! Cependant on ne peut nier là dedans une certaine « emprise » sur ces enfants, susceptible de laisser des traces !

B) SELON LE CADRE DANS LEQUEL NAIT L'EMPRISE

L'emprise peut être réalisée dans le cadre d'une relation de personne à personne. C'est le désir de certains d'avoir et d'exercer sur d'autres ce pouvoir de l'emprise. Il faut préciser que le désir en question peut être inconscient, ou conscient et alors parfois être comme enrobé dans **la conviction d'agir ainsi pour le « Bien » de la personne**.....où pour celui d'une structure communautaire dont fait partie cette personne, comme dans l'exemple cité plus haut où il s'agissait sans doute de protéger l'empire Chimu!

Mais très souvent c'est UN GROUPE DE PERSONNES **qui exerce l'emprise**, entre autres par le truchement de moyens de communication « noyautés par lui ». C'est par ce biais que les MEDIAS tentent d'exercer leur emprise, actuellement si importante !

Y a-t-il des structures sociales fournissant particulièrement un cadre propice à l'emprise sur le prochain ? Si un tel risque apparait probable dans une structure déterminée, il est nécessaire, dans ce cas, **de veiller à la normalisation des relations entre les membres de la structure en question !**

Cela implique l'élimination de tout ce qui peut favoriser la tendance spontanée ou conjoncturelle des membres de la structure, à provoquer des emprises et, chez les « vis-à-vis », à tolérer celles-ci!

Ainsi apparait le danger d'emprise quand il y a **confusion entre for externe et for interne** lors des échanges entre deux membres de cette structure dont l'un a, « de facto », un ascendant sur l'autre !

C'est pourquoi, par exemple, dans l'Eglise, il est d'usage qu'une personne ne prenne pas comme confesseur un supérieur hiérarchique direct !

LES STRUCTURES AVEC HIERARCHISATION IMPORTANTE doivent, plus particulièrement, veiller à ce qui se passe, dans leur cadre, sur le plan relationnel et sur l'exercice de l'autorité !

Mais ce sont, à vrai dire, toutes les structures organisées d'une société donnée qui doivent veiller à **prévenir toute emprise !**

A ce sujet, on peut évoquer le « Rapport Sauvé », répondant à une demande de détection et d'analyse d'emprises, en particulier de type sexuel, détectées, dans l'Eglise catholique romaine latine. Ce document a fait évoquer un lien possible entre la structure et le **risque d'emprises**. D'où la dénonciation, par le Pape

François lui-même, du danger de dérapage vers l'emprise que pourrait constituer, par exemple, un certain « cléricalisme » !

Mais il faut souligner que les emprises de ce genre, peuvent aussi bien se produire dans le cadre de toute structure de notre société, telle que, par exemple, les établissements d'enseignement de toutes sortes.

De nombreux autres facteurs qu'un CADRE OU LA HIERARCHISATION EST IMPORTANTE peuvent favoriser les emprises.

Ainsi en est-t-il du CADRE QUE CONSTITUE LA SEXUALITE HUMAINE, dans la mesure où les relations qu'elle suscite entre les personnes peuvent facilement déboucher sur l'emprise.

LE CADRE QUE CONSTITUE LE COUPLE HUMAIN AVEC DIFFERENCIATION DES ROLES entre l'homme et la femme, peut-t-il favoriser l'emprise ?

C'est une possibilité si le problème de la **SOUMISSION de l'un à l'autre, dans le couple,** y est envisagé autrement que dans le cadre de **l'AMOUR !**

C'est tout le problème de l'interprétation correcte du chapitre 5 de « l'épitre aux éphésiens », qui traite de la **soumission volontaire réciproque par amour, à laquelle on s'engage dans le sacrement de mariage !** Ce dernier, en effet, exige des deux personnes du couple, homme et femme, un engagement à **faire grandir sans cesse l'Amour entre eux, dans le respect du rôle dévolu à chacun !**

Le passage de la lettre aux « EPHESIENS » (chapitre 5, versets 21 à 33) commence par **la nécessité pour tous d'être soumis les uns aux autres**: « vous qui craignez le Christ soumettez vous les uns aux autres ». Il n'y a aucune exception !

Il nous montre ensuite comment la nécessaire croissance de l'Amour réciproque est favorisée par une distribution des rôles tenant compte des **capacités** naturelles de chacun**, en excluant justement tout esprit de compétition et toute tentative d'emprise.** Il y a là une **forte exigence** pour la femme comme pour l'homme, **pas du tout moindre pour ce dernier qui doit « aimer sa femme comme le Christ a aimé l'Eglise et s'est livré pour elle ! »**

Quel programme merveilleux ….et inatteignable sans la grâce de Dieu (favorisée certainement par l'engagement ferme dans le sacrement de mariage) !

NECESSITE D'UNE PREVENTION DES EMPRISES et de leurs conséquences

Certes il y a nécessité de **connaître ces emprises**, de les démasquer et évaluer !

Certes, il faut dénoncer les complicités, négligences ou erreurs assurant la pérennité de ce mal. Certes il faut aussi **sévir**, si besoin, de façon exemplaire, vis-à-vis de ceux qui le commettent, tout en prenant aussi les **mesures d'aide et de protection** pour les victimes déjà constituées ou potentielles. **Mais il est indispensable d'agir « en amont » et,** si c'est possible, de **prévenir le mal avant qu'il ne soit commis**.

Pour cela, il est important de connaître le « mécanisme » par lequel des personnes, au profil **souvent « normal » en apparence,** peuvent être prises dans **l'engrenage** les amenant, **après avoir subi une emprise**, à **exercer ensuite à leur tour, des emprises graves sur autrui, entre autres dans le domaine de la sexualité. Cette « malheureuse séquence sera présentée plus loin !**

CONSEQUENCES DES EMPRISES

Les emprises exercent donc leur effet sur **les différents composants de la personne humaine : corps, esprit, âme** et influencent leur état et leurs activités. L'emprise modifie le comportement relationnel avec Dieu, avec soi - même et avec les autres (le « prochain »). La personne sous emprise en subit des conséquences, parfois sans même le réaliser, déjà au niveau de son « attirance » ainsi que de ses « pratiques sexuelles ».

C'est dire l'importance du lien et du retentissement réciproque entre EMPRISES et SEXUALITE et cela par le biais du renforcement du SENTIMENT D'INFERIORITE !

Il nous faut:

A- Présenter une analyse de ce fameux **« sentiment d'infériorité », influencé par toute emprise et point de départ potentiel d'emprise!**

B-Présenter aussi ce qu'est **la sexualité humaine : sa définition, ses manifestations, son but !**

RETENTISSEMENT D'UNE « EMPRISE » SUR LE SENTIMENT D'INFERIORITE

Il est notoire que toute emprise influence le « sentiment d'infériorité ». Mais il est nécessaire de **rappeler, d'abord, ce qu'est le« sentiment d'infériorité ».**

(Son analyse figure dans le chapitre 6 du premier tome de la série « Réponses chrétiennes à quelques questions »).

A- LE SENTIMENT D'INFERIORITE

Il découle du fait que chaque être humain est créé à **l'image de Dieu** et qu'il est donc, comme Dieu, un être d'Amour, caractérisé par **le désir fondamental d'être aimé et d'aimer**.

La réponse qu'il trouve, dans le monde, à ce désir, dès le début de son existence, n'est pas à la hauteur de son souhait et l'être humain en vient alors à douter de lui-même et à supposer qu'il n'est pas OK dans sa nature même.

Il est poussé dans ce doute vis-à-vis de lui-même et vis-à-vis de Celui qui l'a créé ainsi, par l'Ennemi du Créateur, Satan !

Le but de Satan est de nous attirer, par ce biais, dans la révolte et de nous détourner de Dieu, en nous affirmant que nous sommes victimes d'une « malfaçon injuste » de la part de notre Créateur !

Et voilà installé en l'homme ce « **sentiment d'infériorité** » et une certaine colère lui faisant réclamer « justice » du préjudice qu'il prétend subir « injustement », dans sa nature même !

La Parole de Dieu s'inscrit en faux contre ce sentiment d'infériorité, en nous affirmant que notre Créateur nous reconnait, au contraire, comme **la réalisation merveilleuse de son Pouvoir Créateur,** tout en connaissant les multiples faiblesses dont nous donnons le spectacle dans l'usage de notre liberté, sans que cela altère **l'émerveillement et l'Amour de Dieu à notre égard !**

Mais la Parole de Dieu ne nous suffit pas toujours à contrebalancer l'effet négatif, sur l'appréciation que nous faisons de notre propre valeur et d'un événement pouvant semer le doute sur cette valeur.

Dans ce cas, ce doute vient de ce que l'événement en question a montré notre **incapacité à faire triompher le bon droit et la justice dans une décision que nous avions à prendre**. Ainsi, nous avons peut-être choisi **d'ignorer un « appel de Dieu »,** pour le motif qu'il n'était pas jugé comme tel par nos

« supérieurs », ou qu'il était estimé en contradiction avec un autre « appel de Dieu » reçu par nous et jugé plus important par eux !

Même si notre décision a été murement réfléchie par notre « conscient », notre « inconscient » peut éprouver **une certaine « injustice »** de notre part, à l'égard de l'appel de Dieu repoussé et un **rabaissement de l'estimation de nous même**, pour avoir cédé à « l'injonction **», réelle ou supposée**, de ceux qui avaient sur nous, une certaine autorité !

Ce « rabaissement » renforce énormément notre sentiment d'infériorité, au moins sur le plan inconscient et entraîne une véritable séquence de malheur !

En effet, du fait que chacun de nous est image de Dieu, un rabaissement estimé injuste, subi par nous, entraîne **une colère**, cri de scandale contre cette « injustice notoire» à l'égard de l' « être d'Amour » que je suis ! Colère intérieure ou extériorisée, reconnue ou écartée, mais qui nous pousse**, dès lors, à réagir** contre cette **« injustice » et à mobiliser logiquement pour cela, au contraire, la « Justice » ! OUI, mais laquelle ?**

LE CHOIX ENTRE LES DEUX JUSTICES

C'est là qu'il s'agit de distinguer deux types de «justice » se proposant de remédier à « l'injustice » créée par l'amplification du « sentiment d'infériorité » ! Celle qui se propose en premier à notre conscience, c'est la **« justice des hommes »**, justice des scribes et des pharisiens, dont le slogan est : « œil pour oeil, dent pour dent… ! », dont le Seigneur Jésus nous déclare qu'elle ne nous permettra jamais d'entrer dans le « Royaume » (Mt 5, 20) ! L'autre **Justice, c'est celle de Dieu .**

Dans les deux cas il y a le terme de « justice » qu'il faut donc d'abord définir !

La « justice » est, par définition, une « vertu morale » qui attribue à chacun ce qui « est juste » : sa juste place, son juste bien, sa juste dignité …etc., **en toute vérité !** Autrement dit, elle est en **dépendance étroite de la vérité**.

La vérité comporte, à son tour, deux aspects ou modalités concrètes: une **« réalité superficielle », objective banale et une « réalité profonde », qu'est le CHRIST Lui-même en sa personne!** (cf évangile Jn18, 37-38, où le Seigneur Jésus affirme, à Pilate qu'il est venu dans le monde rendre témoignage à la vérité)!

La **« justice des hommes » :** c'est celle selon la vision que « le monde » a de la vérité c'est-à-dire une vérité superficielle. Elle est donc incapable de nous amener à une relation profonde, une relation à Dieu qui nous fasse progresser en Amour. De ce fait, elle nous détourne du chemin qui mène au Bonheur par l'Amour. C'est pourquoi Jésus nous a mis en garde contre elle dans Mt 5, 20 : « Si votre justice ne dépasse pas celle des scribes et des pharisiens, vous n'entrerez pas dans le Royaume de Dieu » ! **Cette justice est basée sur le slogan « œil pour œil, dent pour dent », sur la rancune, la vengeance et l'absence de pardon !**

La **« justice de Dieu »**, elle, est basée sur la relation que le Christ, en sa personne, établit entre les hommes et leur Créateur. Celui-ci étant la Source même de l'Amour, la « justice de Dieu » est basée sur l'Amour et donc conditionnée par ce qui en découle inéluctablement, à savoir le **Pardon** ! C'est le Pardon, dans la « justice de Dieu », qui entraîne l'effacement de tout ce qui, de la part de l'homme, est susceptible de casser la relation d'Amour avec Dieu (directement ou par le biais du prochain). Cette justice-là, nécessite donc **un renoncement** à la réclamation du droit à « dommage et intérêts » contracté du fait de l'action de celui qui a fait des dégâts. **Cet « effacement » est le premier aspect du Pardon**.

Mais ensuite, le deuxième élément du PARDON est le rétablissement de la relation d'Amour. Il nécessite, de la part de l'homme impliqué dans ce « drame », **l'acceptation positive de joindre l'offrande de lui-même à celle du Christ pour le Salut du monde et de suivre le Christ dans le cri de Pardon qu'il lança, sur la croix : « Père, pardonne leur, ils ne savent pas ce qu'ils font ! »**.

L'adoption de la « justice de Dieu » avec renoncement à la « justice des hommes» comporte aussi le **REPENTIR,** ressenti par l'auteur de dégâts.

Le repentir inclue le renoncement au Mal qui a été accompli, la conscience douloureuse du dégât fait à l'Amour, la volonté de « réparation » centrée sur les efforts à discerner et à réaliser **pour éviter la rechute.**

Le repentir est une « douloureuse joie » : souffrance du dégât provoqué, mais joie du pardon reçu et de la perspective de ne plus chuter!

Seul l'accueil de la « **justice de Dieu** » et donc du **PARDON** dans sa totalité, **peut nous libérer** et nous faire parvenir au Royaume dont, au contraire, la dangereuse « justice des hommes » nous ferme l'accès !

LE RECOURS DANGEREUX A LA JUSTICE DES HOMMES

L'erreur est, en effet, à la suite des rabaissements subis, de recourir à la « justice des hommes », celle que le « monde » pratique autour de nous. Elle nous est familière, correspond bien aux faiblesses humaines. Elle a son sous-entendu de **vengeance** sur fond **de rancune**, hostilité et **guerre** ouverte ou larvée, ne laissant alors aucun repos ni paix à son instigateur.

Ce recours à la « justice des hommes » va tenter celui qui a été primitivement victime d'une « emprise initiale » **sous la forme d'une obligation vécue comme excessive** (parfois même sur le seul plan inconscient) et le pousser à la nécessité d'**obtenir de justes réparations.** Mais cela, malheureusement, en abusant lui-même, au besoin, **à son tour**, dans le **cadre de cette « justice des hommes », de l'emprise qu'il peut avoir sur ceux qui l'entourent, de par son autorité sur eux.** Cette autorité peut être physique, psychologique, spirituelle ou morale, que ce soit dans le cadre laïque, religieux, voir familial (inceste par exemple)! C'est ainsi que l'on peut voir, malheureusement, l'emprise éventuelle d'un curé de paroisse sur ses servants…tout comme celle d'un professeur sur ses élèves ou d'un parent sur ses enfants etc. !

Dans le cadre de cette « justice des hommes**, on est passé ainsi du statut de victime à celui d'agresseur, du rabaissement subi… à la tentation de « rabaisser à son tour le prochain » !**

Ce prochain, c'est un plus faible que soi, à la portée de cette soi-disant justice humaine derrière laquelle risquent de s'abriter **des emprises allant jusqu'à la pédophilie !**

Dès lors, quand il y a un **renoncement « obligé » (ou au moins vécu comme tel !)** à un appel manifeste de Dieu, pour un mariage chrétien par exemple, cela provoque, comme on l'a vu plus haut, un « rabaissement » … pas forcément conscient d'ailleurs, mais avec certainement **exacerbation du sentiment d'infériorité** qui, spontanément, va orienter vers une « justice des hommes » sans issue, véritable engrenage réalisant à son tour une source possible d'emprises sur les plus faibles qui se trouvent « à portée et en occasions d'emprises » !

A noter que les acteurs de ces emprises ne se doutent pas toujours **de la gravité** de celles-ci, aussi étrange que cela paraisse !

DYSFONCTIONNEMENTS DE LA SEXUALITE LORS DES EMPRISES

Les erreurs induites par la « justice des hommes » s'accompagnent volontiers d'**un dysfonctionnement de la sexualité** ne pouvant passer inaperçu et qu'il nous faut analyser maintenant.

LEUR ANALYSE DANS CERTAINS CAS ACCOMPAGNÉS, VÊCUS

Ces personnes avaient subi une emprise initiale, avec son hypertrophie du sentiment d'infériorité consécutif. Elles présentaient toutes le même ensemble de réactions entrainées par un effort, suite à la colère, **pour juguler cette hypertrophie selon la « justice des hommes ».**

Ils pratiquaient tous, sans s'en douter, des emprises caractéristiques sur autrui, fruit de cette « justice des hommes », entrainant trois **anomalies typiques affectant leur sexualité, à savoir :**

- Une véritable **addiction au porno**, exigeant, par exemple de se lever la nuit et parfois en cachette, pour visionner des films pornos et, dans la journée, d'interrompre leur travail pour le même motif.
- **Un besoin d'exercer une emprise sur autrui**, d'une façon générale et plus subtilement, sur le plan de la sexualité en particulier.
- Une pratique incontrôlable de la **masturbation solitaire** allant parfois jusqu'à empêcher toute vie sociale.

Comment expliquer l'intrusion de ces **« addictions »,** dans la vie apparemment « sans histoire particulière » de ces personnes et comment les aider à retrouver une vie normale ?

INTERPRETATION DE CES DYSFONCTIONNEMENTS DE LA SEXUALITE

En premier lieu, il était nécessaire de connaître l'interprétation, par ces personnes elles-mêmes de ce qui leur arrivait de façon aussi stressante et <u>de les aider à comprendre en quoi cela interférait avec leur relation à Dieu !</u>

Toutes disaient avoir reçu un « appel de Dieu » à un certain état de vie : religieuse, sacerdotale ou de couple dans le cadre du « sacrement de mariage chrétien ». Mais il y avait une **contradiction** dans leur vie, entre les anomalies indiquées ci-dessus et les « valeurs », clairement affichées par eux et accompagnant les « appels reçus de Dieu ».

Bien que conscientes de cette « distorsion », aucune de ces personnes n'avait compris l'origine de celle-ci et donc aussi de leur souffrance !

Il a donc fallu expliquer ce que représentaient les addictions en question et d'où elles venaient!

INTERPRETATION de ces addictions

1. **L'addiction** « pornophile » (terme désignant l'état de quelqu'un ne pouvant plus se passer de regarder les images et films « porno »), réalise, sans qu'il s'en doute, une **emprise** sur les personnes qui s'exhibent dans le film, sans protection de leur intimité et de leur dignité, devenant ainsi **des « objets » à la merci de qui les regarde**. Leur **consentement à ce rabaissement** est obtenu, on le sait bien, par les producteurs de ces films, grâce à un « salaire » soulignant leur **précarité et dépendance à autrui !**

Le ou la pornophile qui les regarde agit à l'inverse de ce que l'Amour exige à l'égard du « prochain ». La première exigence de l'Amour est en effet de donner au prochain tout ce que l'on est en capacité de **donner pour son véritable Bonheur,** même si cela exige de nous des sacrifices.

Or **là, le pornophile prend, au lieu de donner.** Il malmène la dignité et l'intimité élémentaires de ceux et celles qui se montrent dans le film et il ne se rend pas compte à quel point cela perturbe sa **propre « conscience »** du réel, de la Vérité, de la sexualité **et la « conscience » de ses « victimes » !**

2. **La tendance à exercer emprise sur autrui,** elle, est « illégitime » par nature. Elle constitue une atteinte à l'Amour, mais s'insinue facilement, par exemple, dans la vie d'un couple, y faussant la relation.
   Et cela, particulièrement, dans le domaine de la sexualité, freinant toute progression en amour de ce couple, menacé, de ce fait, de rupture.

3. **Quant à l'addiction masturbatoire**, elle manifeste une contradiction avec la deuxième exigence de l'Amour. Celle-ci, en effet, est reconnaissance et acceptation du **besoin que l'on a de cet amour attendu de l'autre en retour de celui qu'on lui donne dans la confiance** et **en acceptant le risque que ce retour n'ait pas lieu**...ou même qu'il tarde simplement à venir !

Dans l'addiction masturbatoire solitaire, c'est de soi-même qu'est attendu le plaisir : **on n'a donc pas besoin de l'autre : l'Amour est absent !**

Telles étaient les constatations que l'on pouvait faire chez ces personnes en véritable dysfonctionnement de leur sexualité et présentant ces trois sortes d'anomalie ! Eclairées sur la signification des addictions qu'elles vivaient douloureusement, ces personnes ont pu, alors envisager la guérison de ces addictions.

ORIGINE de ces addictions

Elle tombait sous le sens en constatant, chez toutes ces personnes, **un renoncement « obligé »** à un des deux « appels de Dieu » ressentis ! Toutes avaient eu, certes, un appel à la vie sacerdotale ou religieuse, mais aussi, manifestement, un appel à la vie de couple, ce dernier « contrarié » par divers motifs et circonstances.

Il suffisait ensuite de suivre l'engrenage menant de la réaction plus ou moins consciente de **rabaissement** subi à l'hypertrophie réactionnelle du **sentiment d'infériorité.** Venaient ensuite la colère et la révolte avec **désir de « justice réparatrice »**, dans le choix malencontreux, pour cela, de la « **justice des hommes** », entraînant un **dysfonctionnement de la sexualité** ouvrant la voie aux emprises que l'on sait ! C'est alors qu'il a fallu expliquer comment sortir de cette situation !

COMMENT EMPÊCHER CE DYSFONCTIONNEMENT ?

Ce dysfonctionnement douloureux d'une sexualité, déconnectée de l'amour, avec effet d'emprise, soit sur les autres, soit sur soi-même (addictions), avait au moins l'avantage d'un appel à l'aide. D'où une **prise de conscience du danger** et découverte des **deux conditions** à remplir pour l'écarter :

A) Connaître la réalité, les motifs et raisons de « l'emprise initiale »

B) Découvrir la nécessité du passage à LA JUSTICE DE DIEU

A) CONNAITRE LA REALITE LES MOTIFS ET RAISONS DE L'EMPRISE INITIALE

Pour l'une de ces personnes, qui avait ressenti un double appel à la fois pour la « vie religieuse » et la vie de couple, il y avait eu **renoncement** à cette dernière car non admise dans la « communauté religieuse » à laquelle elle avait adhéré.

Pour une autre il y avait eu, également, des **contraintes,** en relation avec des obligations découlant d'une appartenance communautaire.

Il y avait même, dans un autre cas, la situation problématique d'un appelé au sacerdoce ne ressentant pas vraiment d'appel au « célibat consacré », mais s'y étant résolu par « obéissance » **sans en mesurer les obligations.**

Bref, il était clair que tous avaient consenti, dans un premier temps apparemment « sans problème », à **l'obligation qui leur avait été faite, d'après eux, de renoncer à un appel « venant pourtant de Dieu »**.

Cela au bénéfice d'un autre appel émanant aussi de Dieu mais « accepté », lui, par les autorités ayant eu à discerner les appels vocationnels !

On était là dans l'opposition, comme on l'a vu, entre un« **conscient** » admettant un« renoncement » et un **« inconscient »...** n'exprimant pas ouvertement son désaccord...mais susceptible de le manifester indirectement ou encore de provoquer un **« refoulement »**!

On pouvait se demander cependant pourquoi un tel renoncement avait pu se réaliser ? Cela laissait supposer que la place de la **sexualité humaine dans le Plan de Dieu et ses modalités concrètes de réalisation n'avaient peut-être pas été nettement expliquées aux intéressés.**

Entre autres, il était évident que l'importance **de la sexualité comme moyen de progression en Amour** et ceci quel que soit notre « état de vie », **pouvait être complètement ignorée !** **Une éducation solide à cet égard** est évidemment non seulement souhaitable mais **absolument nécessaire !**

Ceci dès la catéchèse de l'enfance, de l'adolescence et particulièrement, ensuite, chez les candidats à la vie religieuse ou sacerdotale !

(Cf. le « Petit catéchisme familial » et la collection « Réponses chrétiennes à quelques questions » par Michel ANDRE).

B) DECOUVRIR LA NECESSITE DU PASSAGE A LA JUSTICE DE DIEU

Toute personne ayant subi une « emprise initiale » doit être informée des conséquences éventuelles de celle-ci, telles qu'exposées plus haut. Elle doit être amenée, par un accompagnement « éclairé » à rechercher dans sa vie les conséquences éventuelles que l'on a détaillées et comprendre le danger de vouloir les résoudre par la « justice des hommes ». C'est alors seulement que l'accompagnement permettra d'envisager la « libération » par la découverte et la pratique de la « Justice de Dieu » grâce au **PARDON**, expliqué et...accompagné dans les modalités propres à chaque cas !

1) PARDONS A DONNER

Le premier pardon « à donner » se situe au niveau de ce qui s'est produit initialement : Une contradiction apparente entre deux appels de Dieu, ayant entraîné la décision de rejeter l'un pour privilégier l'autre, en raison d'une certaine « pression », réelle ou imaginée, exercée sur l'intéressé !

Dans le cas qui nous occupait, cela impliquait que **nous pardonnions à** ceux qui nous auraient imposé une emprise par **l'injonction de renoncer** à l'appel de Dieu au mariage chrétien. Ce peut être même, simplement, pardonner à qui ne nous aurait pas laissé une véritable liberté de choix pour un état de vie conforme à un appel de Dieu sur nous. Voici donc pour le premier **Pardon, qu'il s'agit de donner** !

Sans doute certains trouveront étrange que dans ces affaires d'emprises sexuelles qui nous occupent, il faille, à leurs auteurs, **commencer déjà par pardonner,** tout en demandant pardon, bien sûr, pour ce qu'ils ont commis éventuellement par la suite! C'est oublier que, dans le Notre Père, nous sollicitons le Pardon pour nous ...comme nous avons pardonné à ceux qui nous ont offensés. C'est donc bien en **pardonnant d'abord** vraiment à ceux qui, probablement sans s'en rendre compte le plus souvent, **nous ont « rabaissés » et englués dans un sentiment d'infériorité hypertrophié, sans le vouloir et même sans le savoir, que l'on doit commencer !**

2) PARDONS A DEMANDER

Mais, en même temps, on voit tout de suite qu'il faut **demander Pardon !**

a) **D'avoir accepté ce que l'on n'aurait pas dû …** ainsi, dans certains cas, d'avoir renoncé à un appel de Dieu au mariage chrétien.
Cette acceptation, on l'a vu a eu des motifs variables, dont certains légitimes et d'autres non !

b) **Il faut surtout demander PARDON** pour tout ce que cette désobéissance à un appel de Dieu **a pu entraîner, par la suite**, du fait du ressenti de « rabaissement » consécutif. Car c'est de là qu'a découlé, par le biais de **la justice des hommes**, le recours malencontreux à ce que le Christ condamne en elle : le risque de se détourner totalement du Royaume de Dieu et d'exercer des **emprises**, dans le domaine de la sexualité, envers des victimes innocentes, **allant parfois jusqu'à briser leur vie !**

PUISSANCE DU PARDON DANS LA JUSTICE DE DIEU

Avec ces Pardons donnés et demandés, « il y a plus de joie dans le Ciel pour le pécheur dans le repentir, que pour 99 justes … » (Lc 15, 7). De même pour la brebis bien aimée, perdue dans la « justice des hommes », en danger pour elle et pour les autres et qui se laisse enfin rejoindre par son Berger dans le Pardon de la « Justice de Dieu » et en abandonnant la « justice des hommes » (Cf Luc 15, 3-7 et Mt 18, 12-14).

Cette entrée, enfin, dans la « Justice de Dieu », par le PARDON, nécessite, bien entendu, le **REPENTIR sincère par rapport aux emprises pratiquées !**

Or, si l'on revient à ces personnes exprimant leur désarroi et qui demandaient aide, on constate qu'elles ne se rendaient pas compte à quel point elles étaient en danger de provoquer, à leur tour, comme on l'a vu, des emprises et des rabaissements sur autrui.

Il pouvait même y avoir là aussi une sorte de « déni » à cet égard, montrant **à quel point il est possible à l'homme de se fabriquer une fausse « vérité » !**

C'est ce qui empêche encore actuellement un des « cas » évoqués qui, refusant de pardonner, reste dans les méfaits de la « justice des hommes », en particulier vis-à-vis de son entourage…et de lui-même !

De leur côté, une entière bonne foi existait la plupart du temps chez les responsables qui avaient « imposé », par une « emprise initiale », un renoncement illégitime, origine de l'engrenage dans la malheureuse séquence !

De même, il y a certains responsables d'« obligations » dans l'Eglise ou dans la société civile, à qui l'on doit parfois **pardonner un zèle excessif** qu'ils pratiquent, dans une entière bonne foi, en faveur d'«obligations » d'une légitimité discutable, persuadés qu'ils sont d'agir ainsi pour le Bien de tous.

(Cf. le livre « Des profondeurs de nos cœurs » de Benoit 16 et du cardinal Sarah, venant se mettre en travers de l'inspiration du Pape François à propos de l'Amazonie !). Mais en fin de compte, ce sont les victimes de ce comportement qui ont ensuite à en affronter **les conséquences déplorables pour elles ….et pour d'autres !**

C'est dire l'importance de la REPARATION, associée au PARDON, pour éviter toute tendance à l'excès de zèle comme à l'emprise caractérisée (cf. Tome 3 chap. 7) et adopter les bonnes attitudes concrètes.

DIFFICULTES DANS LE PARDON

<u>Pour le Pardon à donner :</u>

Par exemple dans le cas de celui ou celle qui s'est vu imposer le renoncement à un appel de Dieu au mariage chrétien. On constate parfois une véritable **réaction de révolte contre « l'autorité »** ayant « imposé » (?) ce renoncement et que représente, par exemple, l'évêque ou le « supérieur » qui doit recevoir le vœu de « célibat consacré » en question, dont le respect s'avère parfois problématique dès le départ, car il apparait une sexualité trop prégnante dans la vie de celui qui demande à prononcer le vœu de célibat, ce qui devrait faire surseoir logiquement à la prononciation de ce vœu ! **Il n'est pas rare alors de voir le « révolté », contrarié dans son projet, quitter l'Eglise et la dénigrer !**

Il faut bien se rendre compte du caractère souvent inconscient de l'opposition, se coulant souvent dans l'ambiance de critique, systématique hélas, d'une partie du clergé envers son évêque ou son « supérieur ».

Pardonner représente aussi, pour certains, abandonner une confortable <u>présentation victimale</u> de soi, par rapport à l'autorité contestée.

C'est alors qu'on entend : « je ne suis ni compris ni soutenu par mon évêque (ou mon supérieur) …plaignez moi ! ». De ce fait, pardonner serait ne plus jouir de cet avantage ! Cela peut bloquer le pardon pourtant indispensable.

Mais, en général, celui qui se présente comme victime prétend avoir déjà pardonné, bien qu'il soit manifeste que ce n'est pas le cas !

« Ne me parlez pas de lui et encore moins de lui pardonner » ! C'est refuser l'indispensable dialogue et se bloquer dans la « justice des hommes » !

Il faut parfois des années pour obtenir la résignation au dialogue avec le « supérieur » ou l'évêque entraînant l'entrée dans la « Justice de Dieu »! Mais quelle libération merveilleuse peut suivre !

<u>**Pour le PARDON à demander :**</u>

Il nous faut discerner à propos de la <u>SOUMISSION</u>, car déjà là il y a parfois à demander pardon, comme on l'a vu, pour s'être soumis à une injonction de renoncement dont la légitimité est discutable (ici, à propos du renoncement à un appel à la vie conjugale). Le discernement de cette soumission procède de <u>la problématique de l'obéissance et de l'autorité (cf le Tome 3 de la série Réponses chrétiennes à quelques questions).</u>

SOUMISSION LEGITIME OU NON ?

Nous avons à **discerner entre soumission légitime et illégitime** pour éviter cette dernière et ses conséquences désastreuses vues plus haut Pour cela cf. aussi Eph. 5 à propos de la soumission.

Quand il y a **<u>soumission</u> illégitime** à une « autorité légitime », cette soumission a plusieurs explications possibles :

Parfois celle d'une crainte exagérée, d'une peur panique de cette autorité.

A cet égard, joue, entre autres, la qualité de la relation que l'homme entretient avec son Créateur, relation qui est à la base de toutes les religions ! La soumission peut se faire alors, selon le cas, dans l'amour, l'indifférence, l'opposition et même la haine ! Dans ce domaine de la soumission, les apparences sont parfois trompeuses !

Ainsi, on considère parfois comme « proches de Dieu » des personnes qui sont en fait dans la **« fermeture »** à son égard, mais qui simulent « **l'ouverture !** ».

<u>INCIDENCE DES CHOIX « d'ouverture ou de fermeture »</u> sur la relation de chacun avec son Créateur dans le problème de la SOUMISSION et donc du PARDON.

Ce choix entre ouverture et fermeture, c'est celui proposé par Dieu à chacune de ses créatures, angéliques et humaines, qui, ainsi, va librement, grâce à la LIBERTE dont Dieu l'a dotée, orienter ou non son existence vers l'Amour. L'orientation alors choisie vers l'ouverture, c'est celle de la CONFIANCE envers Dieu, proposée déjà à nos « premiers parents » en vue de leur Bonheur.

Or, la recherche du Bonheur, est à la base de toutes nos démarches. **L'ouverture, vis-à-vis de Dieu consiste en <u>la confiance totale</u> que nous lui faisons quand il nous affirme que notre Bonheur ne peut être obtenu que dans l'Amour**.

Cette confiance nous amène alors à reconnaître à Dieu le soin et le droit de déterminer le Bien, qui nous amènera au Bonheur, et le Mal, lequel nous amènerait au Malheur (en nous séparant de Dieu par la **méfiance).**

Dans le récit de la Genèse (3, 1-5), **la fermeture** (à la proposition de Bonheur de Dieu) est figurée par la désobéissance d'Adam qui s'approprie le fruit de l'arbre donnant connaissance du Bien et du Mal, alors que Dieu se réservait cette détermination ! Le choix de « fermeture » vient de l'écoute de Satan qui propose à Adam et Eve de trouver leur Bonheur et même un accès à la divinité, en se faisant eux-mêmes, en concurrence avec Dieu, les déterminateurs du Bien et du Mal. C'est ce que continuent à faire beaucoup d'hommes dans le « monde » aujourd'hui ! Le choix entre ouverture ou fermeture est chronologiquement le premier qui se présente à l'homme, c'est pourquoi on le dit**« fondamental ».**

Le niveau de choix suivant, c'est celui proposé à ceux **qui ont fait, au niveau fondamental, le choix de l'ouverture à l'Amour !**

Ils ont même pu, de façon encore plus formelle, choisir un « état de vie » réputé très favorable à l'Amour, comme, par exemple, le célibat consacré ou la vie dans le sacrement de mariage.

En fait, cela ne veut pas dire, pour autant, comme on l'a vu plus haut, qu'ils soient à l'abri d'un « dérapage » qui les amènerait à prendre emprise sur les autres au lieu de continuer à choisir l'Amour du prochain dans le concret de leur vie et cela à cause de cet «engrenage » expliqué plus haut !

On a vu la peur comme origine possible de la « soumission », peur altérant la relation à Dieu...ou à ses « représentants », ce dont nous avons alors à demander pardon si cette soumission est illégitime !

Parfois la soumission à l'autorité vient d'un motif « intéressé » si les personnes qui se soumettent escomptent de cette soumission certains bénéfices. Ce dernier cas, c'est, par exemple celui de « l'initiation » à l'homosexualité, par des homosexuels chevronnés ayant une autorité légitime sur eux, de jeunes « innocents » qui découvrent, sous cette « emprise », une source de plaisir inconnu jusque-là, mais dont ils ignorent qu'il ne leur offrira jamais la joie immense de la véritable paternité. Cas vécu dans tel séminaire et non isolé, hélas !

Il y aura alors chez ces « soumis », la conviction, souvent inconsciente, d'avoir été **« instrumentalisés » et donc « rabaissés »** abusivement par leur initiateur. Cela entraîne automatiquement l'**hypertrophie insupportable du sentiment d'infériorité** chez « l'initié » en question, avec, comme on l'a vu plus haut, le recours réactionnel malencontreux à **la « justice des hommes » !**

Pardon à demander, pour les emprises exercées par nous

Demander Pardon devrait « aller de soi ». Mais on a vu combien il était facile de « tordre la vérité » et d'entrer dans le déni. On a vu combien le blocage dans la « Justice des hommes », même sans nier des emprises manifestes exercées, brouillait la vérité et favorisait un véritable « camouflage »de la réalité et de la dangerosité des faits ! Il est **donc indispensable d'expliquer aux auteurs de ces emprises le fameux engrenage** qui les a amenés là et, par contre, **la merveille du Pardon de la « Justice de Dieu ».**

CAS DU REMORD

On a vu la difficulté à demander Pardon venant de ce blocage dans la justice des hommes ! Il y a, à l'opposé, des cas ou le fameux « sentiment d'infériorité » a entraîné des **dérives bien connues, dont celle du « remord** » !

Cela explique le désespoir de ceux qui, à cause des fautes commises se jugent **« impardonnables » !**

Ceci, représente alors un énorme obstacle à l'accueil de la Miséricorde de Dieu !

Cette erreur provenant du **sentiment de « culpabilité/infériorité »**, bloque l'accueil de la Miséricorde de Dieu et empêche le passage de la « Justice des hommes » à la « justice de Dieu » !

Dans ce cas, il faut alors passer de **la passivité** mortifère du remord à la démarche **active, par amour**, du **don de la joie apportée** au Christ (qui l'attend) ... **par notre demande confiante d'être pardonné par Lui !**

On voit combien est complexe ce problème des emprises comme obstacles sur le chemin du Bonheur **et comment il interfère avec la sexualité humaine !**

Il est donc nécessaire de voir maintenant le rôle de la sexualité dans la réalisation du Bonheur, comment elle peut le favoriser ou y mettre obstacle !

REFLEXION SUR LA SEXUALITE HUMAINE

Elle s'appuie sur la Parole de Dieu, entre autres sur :

- La Genèse : 1, 27 (création de l'humanité), chapitre 3 (tentation et rébellion de l'humanité).
- Evangile de Mathieu : 5, 20 les deux justices. Chapitre 19,4-6 : sexualité humaine dans le Plan de Dieu.
- Evangile de Marc 10, 6-9: projet initial de Dieu.
- Evangile de Luc 23, 34 : « Père, pardonne leur… » (la justice de Dieu).
-

DEFINITION, MANIFESTATION, BUT de la sexualité humaine

La sexualité est une **composante de la nature humaine** s'exprimant selon deux modes **, féminin et masculin**! Elle comporte plusieurs volets : anatomique, physiologique, affectif…. Si les deux premiers sont de nature « matérielle », le troisième comporte une composante « spirituelle » (cf « qui suis-je ? », question traitée dans le tome 1 de la série suscitée de la collection « Réponses chrétiennes à quelques questions »).

MANIFESTATIONS DE LA SEXUALITE HUMAINE

Elles sont expliquées par le Seigneur Jésus dans le chapitre 19 de Mathieu.

La distinction entre sexe féminin et masculin, déjà mentionnée dans la Genèse, (Gn 1, 27), est affirmée à nouveau. La relation « normale » entre ces deux sexes, est celle de couple, définie par une **union** qui se réalise dans la «chair ». Cette « **union dans la chair** » **contribue** à l'**UNITE du couple**, laquelle englobe et dépasse l'union ! C'est **la capacité, pour la sexualité humaine, de réaliser l'unité du couple femme/homme par l'amour et dans l'amour,** qui distingue, entre autres, la sexualité humaine de la sexualité animale ! Ces deux modes de la sexualité ayant, par contre, en commun, le but de la préservation de l'espèce !

Il est aussi question, dans ce chapitre de Mt19, 12 de personnes qui vivent volontairement comme des « eunuques ».

Ce terme « d'eunuque » désigne des hommes ou des femmes qui renoncent à « l'union » dont il est fait mention plus haut....mais pas forcément à l'UNITE !

Ceci par un appel spécial, personnel de la part de Dieu, en vue d'atteindre le « Royaume des cieux »!

Pour autant, est-t-il possible pour eux de réaliser « l'unité » avec une personne de l'autre sexe ? On sait bien que, chez les eunuques par intervention humaine, une attirance sexuelle, voire une « passion » sont tout à fait possibles. Ce fut même la plaie du harem de certains sultans turcs !

Ceux qui se rendent « eunuques » volontairement, pour répondre à un appel de Dieu, conservent toutes les capacités sexuelles évoquées plus haut, même s'ils n'en font pas usage.

Les vœux qu'ils sont parfois invités à prononcer, portant sur le renoncement à l'usage de certaines de ces capacités, peuvent, certes, être pourvoyeurs de grâce pour réaliser ce renoncement !

Mais dans tous les cas, **ces vœux doivent être en accord avec l'ensemble des appels réels de Dieu, concernant la sexualité, reçus par la personne en**

question et dont la réalité pose, certes, parfois question et demande un discernement d'authenticité.

REALITE DES SEXES -CONTESTATION DE LEUR DIFFERENCIATION

Cette contestation est le résultat de théories actuellement très répandues, qui ne prennent pas en considération la réelle détermination du sexe à partir des chromosomes. La théorie du « genre », par exemple, prend en compte, en fait, la seule influence sociologique, pour déterminer un sexe qui, **dés lors, ne dépend plus du Créateur** (c'est ce que cette théorie voulait démontrer) !

En réalité, c'est Dieu qu'il s'agit, dans cette « histoire », d'éliminer, **au bénéfice de l'homme.....** On retrouve là l'affirmation de Dieu à Samuel, montrant à celui-ci que c'était Lui, Dieu, que les juifs rejetaient en demandant un roi (1 S 8, 7). **Ecarter Dieu, c'est l'idée fixe de l'humanité, depuis ses débuts ! (cf Genèse chap. 3)**.Le résultat est de semer la **confusion** chez les humains quant à leur identité et de favoriser une sorte de schizophrénie ! Cette **confusion** débouche sur certains troubles s'exprimant selon diverses modalités, telles que le DENI.

DENI CONCERNANT LE SEXE

Ainsi le phénomène du TRANSGENRE, est un **déni de la constitution objective masculine ou féminine, présentée par une personne qui refuse cette constitution**, au profit de l'identité sexuelle opposée dont elle ne possède ni les chromosomes ni les organes sexuels caractéristiques, mais dont elle s'efforce d'avoir le **comportement.**

Ce déni peut aller jusqu'à réclamer une modification chirurgicale de ses organes sexuels et simuler le comportement du sexe dont elle se réclame !

Il ne faut pas confondre cet état avec les éventuels troubles de constitution de l'appareil génital interne et externe d'une personne, survenant lors de l'embryogénèse et pouvant entraîner un doute légitime sur le sexe réel ! De même, dans le « testicule féminisant », le sexe masculin entraîne bien la production de testostérone, mais les organes cibles que cette hormone devrait modifier dans le sens masculin sont insensibles à l'action de la testostérone pourtant présente. Ces organes restent alors d'aspect féminin « par défaut ». C'est ainsi qu'une célèbre chanteuse était en réalité un homme, mais avait un « comportement féminin » ...sans pouvoir pour autant concevoir un enfant, malheureusement, puisque ne produisant aucun ovule fécondable ! Il n'y avait là aucun déni volontaire de la réalité mais une ignorance de celle-ci au départ avec « aiguillage éducatif » en conséquence !

Le déni, que l'on vient de voire, demande à être situé dans le cadre du déni en général !

LE DENI, EN GENERAL :

Par définition, c'est le refus d'une réalité que l'on devrait reconnaître. Chacun de nous **doit reconnaître** ce qui est réel et qu'il **doit** alors admettre comme tel. Sinon, il est dans le déni !

Donc, si l'on refuse la réalité objectivement démontrée, on est dans le déni ! De même, si l'on refuse de faire quelque chose qu'on devrait normalement faire ! Ainsi si un juge refuse de rendre justice, il est « en déni de justice ».

Par le déni, on s'octroie abusivement, en fait, **un droit sur la détermination du réel** dans l'existence. Il en est de ce « droit » comme de celui de **déterminer le Bien et le Mal. L'un comme l'autre** n'appartiennent pas à l'homme, **mais au Créateur** ! Actuellement, la plupart de ceux qui détiennent le pouvoir dans la société s'estiment le droit de déterminer ce qui relève du Bien et ce qui relève du Mal, sans aucune référence au Créateur. Il est donc logique, aux yeux de certains, qui sont souvent les mêmes, de s'estimer aussi **en droit de déterminer ce qui est réel**, c'est-à-dire vrai, et ce qui est faux. Ce pouvoir illégitime qu'ils se donnent, ils l'utilisent pour exclure du « réel » et par là, en fait, de la « Vérité », ceux qui ne partagent pas leur avis. C'est le type même de **l'« intolérance »,** doublée d'une **agressivité** envers ceux qui refusent de se plier devant leur **« vérité arrangée » !**

Mais comment ces intolérants arrivent-t-ils à influencer « l'opinion publique » et à définir à leur façon le « politiquement correct » **au détriment de la Vérité elle-même?** Ils ont une technique éprouvée comportant plusieurs astuces pour contourner la réalité/vérité.

Ainsi, ils pratiquent ce qu'on peut appeler une « déconnexion » et une « connexion » : on retire, puis on ajoute !

COMMENT « ARRANGER » LA VERITE ? **QUELQUES EXEMPLES DE DENI**

Cela consiste d'abord à séparer certains thèmes d'autres qui leur sont habituellement associés, autrement dit à les **déconnecter**. Ceci par ce que leur présence est « gênante » ! Il reste ensuite à **connecter**, à la place, d'autres thèmes d'allure plus « admissible » et qui favorisent l' « arrangement ».

EXEMPLES DE DENI

A) LA VIOLENCE LETHALE SUR INNOCENTS :

C'est le cas, par exemple, de la suppression volontaire d'un être humain entre sa conception et sa naissance, **au seul motif de la « gêne » ressentie par la femme gestante. La « déconnexion »** consiste déjà à **éliminer l'explication exacte sur ce qui se passe dans la façon de procéder :**

- **Avant l'implantation, utilisation d'un moyen mécanique ou hormonal pour empêcher cette implantation nécessaire à la survie.**
- **Quand le développement a déjà atteint un certain stade** emploi de la technique de l'aspiration après démembrement de l'embryon dont les membres sont arrachés, la tête séparée du corps…
- Cette mort horrible est difficile à regarder en face, impossible à admettre de sang froid et il faut donc cacher cela. **Le thème de la réalité objective de ce qui se passe est donc écarté !**

De même que le thème **de l'identité de la victime directe** de cet acte. Car il s'agit d'une **personne humaine**, fruit de l'union des éléments reproducteurs féminin et masculin de **personnes humaines**, **arrêtée artificiellement et par violence** dans le développement normal de sa vie.

On écarte donc **le thème de la dignité de toute personne humaine dés le début de sa vie**. Mais on ne peut écarter la réalité de **la violence** faite à l'innocent, que l'on retrouve dans une société où règne une insécurité généralisée. **D'où la nécessité de déconnecter aussi le thème de la dangereuse légalisation de cet acte de violence** et de ses conséquences sociétales dangereuses et inéluctables. Voila pour l**a « déconnexion »**.

Il ne reste plus alors qu'à **associer,** au thème de cette violence léthale, ceux de « justice » et, pour la femme, de « propriété légitime » de soi-même, de son corps, de ce qu'on veut en faire. Ceci dans une vie dont le sens est choisi par l'homme **selon les seuls critères déterminés par lui-même du Bien et du Mal** et en excluant la détermination que Dieu, Lui, en fait en tant que Créateur !

On peut même essayer de motiver et justifier, avec quelque mauvaise foi, cette violence, par la nécessité de protéger l'avenir d'une humanité qui serait menacée de surpopulation. Ceci en cachant les dangers notoires de la décroissance de natalité dans certains pays et les problèmes ,« d'immigration » entre autres, qui en résultent !

On peut donc conclure que **la « promotion » de telle violence, constatée dans notre société, est associée à un DENI manifeste !**

En même temps, on ne peut que regretter tout ce qui, en amont de cet acte lui-même, pousse à celui-ci, comme **l'irresponsabilité des « géniteurs », le manque de soutien des familles aussi bien que des femmes en situation réelle de détresse, qui relève également d'un DENI hypocrite inadmissible ! Toute situation de DENI s'avère condamnable !**

B) AUTRE EXEMPLE DE DENI NOTOIRE: la persistance de **Donald TRUMP** à proclamer que c'est lui qui a remporté l'élection présidentielle américaine de 2020, alors même que les observateurs du parti républicain les plus raisonnables confirmaient les résultats officiels !Pour cela, son travail de **« déconnexion »** a été de jeter un soupçon systématique sur le mode d'expression de la volonté populaire, déclaré par lui totalement trafiqué, alors même que ses partisans désignés comme observateurs du scrutin reconnaissaient le contraire.

Parallèlement, il a effectué une « connexion » entre son attitude et les thèmes de l'honnêteté et de la « justice » ! Il disait être le seul capable de faire respecter ces deux thèmes puisqu'il s'en était fait « le maître et créateur », en déclarant nulle toute affirmation contraire! Il s'est aussi posé en **déterminateur du Bien et du Mal (à la place de Dieu !)** et il a, de fait, entrainé une foule de supporters à, selon lui, « rétablir la justice », en envahissant le Capitole !

C) Un autre exemple de DENI, lui aussi porteur de conséquences désastreuses, nous est fourni par **le « jugement de Pilate »,** raconté dans Mt 27, 11-27 Mc 15, 1-15 Lc 23,13-25 Jn18, 33-40 et 19, 1-16 !

En fait de jugement, Pilate pratique **un déni de justice**. Ceci alors qu'il devrait affirmer l'innocence de Jésus, sachant que les notables juifs sont de notoire mauvaise foi dans leurs accusations. De plus, sa femme l'a averti de l'innocence de Jésus (il est bon d'écouter sa femme !).Les thèmes de la justice et de la vérité sont donc écartés, **déconnectés** du problème par Pilate ! Il inverse les rôles en se déclarant innocent du versement du sang de Jésus (Mt 27, 24)! Le thème de la vérité, il l'écarte d'un désabusé revers de main (quid veritas ?), refusant de se laisser entraîner sur le terrain de la Vérité profonde sur lequel Jésus veut l'amener et l'éclairer.

Il va pratiquer la « connexion » en ajoutant à ce « jugement » l'évocation du thème politique du « Bien public » en référence au danger de s'ériger en maître de la Judée « dans le dos et en concurrence envers l'empereur romain ». Mais en réalité, cette argumentation défend son intérêt personnel, visant à le préserver de tout rapport qui pourrait être fait contre lui auprès dudit empereur !

D) Le Déni de Thomas (Jn 20,19-29) Ce dernier a connu de nombreux imitateurs en la personne de ceux qui se retranchent derrière l'affirmation : « Moi, je suis comme Saint Thomas, je ne crois que ce que je vois ! ». Mais qu'en est-t-il exactement ? Thomas est courageux, fiable et son attachement à Jésus est certainement très fort. On fait confiance à son sens pratique ! Sans doute était-t-il absent pour aller faire les courses pour les apôtres. Et voila qu'à son retour il est accueilli par une excitation tapageuse des autres qui lui expliquent tout ce que vient de leur accorder Jésus ressuscité : sa paix, le pouvoir de remettre les péchés.... C'en est trop pour Thomas : Jésus aurait pu attendre que Thomas soit là pour venir ! Est-t-il donc indifférent à son amour? Lui a-t-il tenu rigueur d'avoir fui, comme les autres, lors de l'arrestation ? Non, c'est impossible ! Alors Thomas repousse tout en bloc dans son désespoir et devient même provocateur en décrivant les conditions qu'il met à « croire ». **L'incroyable, pour Thomas, c'est la possibilité d'une indifférence de Jésus pour lui et non cette résurrection qu'il sait bien être vraie** !

Il connait trop ses copains pour imaginer qu'ils mentent ! Quelle semaine terrible Thomas a passé, dans ce « déni » !

On est là, en fait, dans une **transposition de l'objet réel du DENI**. Pour Thomas, il s'agit de se convaincre **qu'il est aimé du Christ**, malgré ce qu'il pourrait conclure et a sans doute supposé, à partir du choix fait par Jésus de venir en son absence. **Le véritable déni de Thomas, porte sur cela et non sur la résurrection** ! On pourrait même dire qu'il a « déconnecté » le problème de la résurrection. Et c'est par ce que la seconde venue du Christ, cette fois rien que pour Thomas, aura levé le doute sur l'Amour de jésus pour lui qu'il peut proclamer le « mon Seigneur et mon Dieu » qui clôt magistralement cette affaire de déni. Thomas pourra même comprendre qu'il a été jugé digne de participer pleinement à la Passion de Jésus, par cette mise à l'épreuve terrible qu'il a traversée.

Quand il y a un « Déni » notoire, il y a souvent « transposition », comme par Thomas. Ainsi, dans « l'opération spéciale » lancée le 24 février 2022 contre l'Ukraine par Poutine, celui-ci transpose la « décadence morale et institutionnelle des occidentaux », opposée aux valeurs sures de la Russie exemplaire, **en motif réel de ce qui est dénié comme étant une guerre !**

POURQUOI ENTRER DANS LE DENI ?

L'analyse que l'on vient de faire de cet instrument d'emprise qu'est le DENI ne nous donne pas d'explication sur ce qui amène une personne à pratiquer concrètement cette atteinte finalement assez grossière à la Vérité ! On est étonné de ce que souvent il s'agit de personne très intelligente dont on n'attend pas un tel paradoxe !

Ce qui est probablement en cause, c'est la divergence entre le Plan de Bonheur que Dieu a pour nous et celui que nous avons échafaudé nous même à partir de **notre « point d'orgueil ».** Ce dernier consiste en la très forte conviction que nous avons (peut-être du fait du « péché originel ») de savoir nous même ce qui nous procurera le Bonheur, sans avoir besoin pour cela de qui que ce soit ! La difficulté vient alors, pour nous, quand un événement intercurrent se met en travers de notre plan à nous, **alors que le Plan de Dieu est de s'en servir pour nous faire progresser vers le BONHEUR par sa voie à Lui!**

Au lieu de faire confiance à Dieu pour cela, on préfère parfois entrer dans le DENI pour **garder intacte notre plan, contre « vents et marées »….**tant pis pour la Vérité, pense-t-on, qui n'a plus qu'à « rentrer dans son puits » !

BUT DE LA SEXUALITE HUMAINE

Ce but, c'est de nous faire grandir en Amour, à travers ce qu'elle peut réaliser pour « l'unité », comme l'explique le chapitre 19 de Mathieu. **Cela peut-il être obtenu par n'importe quel mode d'exercice de cette sexualité ?**

Il y a un discernement à faire et déjà, entre homosexualité et hétéro sexualité !

DISCERNEMENT ENTRE HETEROSEXUALITE ET HOMOSEXUALITE

1) HOMOSEXUALITE

Dans l'interview du Père Garrigues, concernant le « milieu homosexuel », il est très justement souligné que **le terme d'homosexuel est souvent employé abusivement et** pour désigner des réalités différentes ! Le terme même d'homosexuel, normalement, ne devrait pas s'appliquer à une personne dont les chromosomes sont notoirement du type féminin ou masculin ! On devrait parler plutôt, selon le cas, d'attirance ou de pratique homosexuelle ! C'est dans ce sens qu'on peut dire que, en fait, il n'y a pas de véritable « homosexualité», mais plutôt des pratiques « homosexuelles » !

Origine de l'homosexualité :

Dans les causes de survenue de pratiques homosexuelles, il est évoqué le rôle d'ambigüités et d'erreurs notoires dans l'éducation de certains enfants, ainsi que le rôle d'une quête inassouvie d'amour vis-à-vis de l'un des parents.

C'est une piste possible évoquant la survenue d'une « tendance » et non une fatalité.

Bien entendu, l'affirmation d'une possible « hérédité homosexuelle » est fausse. D'ailleurs, elle est le plus souvent avancée dans le but d'innocenter certains comportements éducatifs trop voyants plutôt en cause !

Mais joue beaucoup plus le rôle des rabaissements subis, en particulier dans le domaine de la sexualité.

Ces rabaissements entraînent, chez la victime, de l'un ou l'autre sexe, la conviction d'être « inférieure » dans le domaine de la sexualité, incapable de trouver une voie fiable pour accéder à l'Amour par le biais de la sexualité !

Les exemples ne manquent pas, hélas, des personnes ainsi « handicapées » qui échouent dans leur tentative d'entrer dans la « normalité » par le moyen d'une vie de couple. Qu'il s'agisse d'une femme s'avérant « semi frigide » ou d'un homme quasi impuissant et se réfugiant, l'un comme l'autre, derrière un soit disant « peu d'intérêt pour la chose » !

Dans ce cas, il y a, au contraire, à faire, avec l'intéressé(e), une reprise de la construction de sa personnalité ! C'est une affaire d 'accompagnement psycho spirituel !

Or, avec la disposition d'esprit que l'on vient de voir, celui ou celle qui, ainsi, « tourne en rond », est la proie facile des vrais prédateurs « homosexuels » des deux sexes, avérés et très « actifs » !

Envers les prédateurs en question, il faudra que leur victime, devenue « homosexuelle », si elle veut entrer dans la voie de guérison (qui est, comme on le verra, le passage de la « justice des hommes » à la « justice de Dieu »), **commence par pardonner à son ou ses initiateurs.** C'est la clé indispensable pour entreprendre la libération par le passage d'une « justice » à l'autre ! Il faudra tout aussi, pardonner à ceux qui ont poussé à prendre des « engagements » qui n'étaient ni tenables (dans le contexte), ni demandés vraiment parfois par Dieu !

CONSEQUENCES de la fixation dans des pratiques homosexuelles :

Il en est une, déjà, qui ne peut être évitée, **c'est le « manque » au niveau du besoin de mater-paternité**, qui existe, parfois inconsciemment certes, mais constamment chez tous les humains, car créés à l'image de Dieu qui est « Père » !

Il est même parfois dramatique de voir les tentatives pour reporter ce besoin sur un animal de compagnie, par exemple, **traité comme l'enfant que l'on ne peut engendrer.** C'est certainement là une grande souffrance que ne peut effacer la « fierté gay » affichée !

En allant plus profondément, on constate, malheureusement, la fréquence, dans la pratique homosexuelle « habituelle », d'un renforcement du « sentiment d'infériorité » avec conviction d'une grande « injustice » subie dans ce qui est vécu. Cette injustice, **les intéressés pensent l'éliminer par la pratique de la « justice des hommes »**. C'est une erreur dramatique, qui retarde la pratique de la seule justice menant au Royaume, la « Justice de Dieu », **celle de l'Amour et du Pardon « positif »** ! (cf tomes 4 et 5).

Enfin, « l'ambiance homosexuelle » dans laquelle se débattent certains, **si elle est capable d'assouvir « l'ouverture à autrui» dans le paroxysme de cette « ouverture » qu'est l'orgasme, débouche plus facilement vers « l'emprise » que vers son effet normal qu'est la croissance en amour**.

Ceci ne veut pas dire qu'une liaison homosexuelle empêche tout comportement d'Amour ! Mais il est certain que son « ambigüité » apporte plutôt un frein !

2) HETEROSEXUALITE

C'est le mode préconisé par le Seigneur Jésus dans Mt 19. Son abord et son usage offrent deux éventualités opposées.

a) La première est de se considérer comme **le « propriétaire »** de sa sexualité » et, de ce fait, habilité à en user de la façon que l'on désire et pour le but qu'on se fixe soi-même !
b) La seconde est, au contraire, de se considérer **comme gérant** d'une sexualité dont le but est fixé par notre **Créateur**. Dans ce cas, je dois rendre des comptes sur la conformité de ma sexualité à ce but fixé par Lui ! Pour cela, il me faut agir en conformité avec la Parole de Dieu concernant la sexualité ! (cf plus haut).

Première éventualité (a) : Puisque c'est moi qui détermine le but de ma sexualité, je puis l'orienter, dans le cadre du sens donné à ma vie elle-même, soit vers **l'ouverture à l'autre, soit au contraire, vers une fermeture à l'autre.** Dans ce dernier cas, celui de la fermeture, je puis même, à la limite, renoncer à nouer une quelconque relation avec un(e) autre dans le domaine de la sexualité. C'est le cas de certaines personnes dont l'attitude suppose un désintérêt vis-à-vis de la « question » !

En réalité, il y a là quelque part un blocage dont l'origine sera à déterminer lors d'un accompagnement psycho spirituel.

Mais dans la plupart des cas de **« fermeture à l'autre »**, on constate une propension à collectionner les « aventures sexuelles» sans s'attacher nettement à l'une d'elle ni au protagoniste ! Ce repli sur soi ne correspond pas à « l'image de Dieu » réalisée en nous par notre Créateur. Il n'est pas étonnant que le BONHEUR ne soit pas au rendez-vous dans ce cas. La « relation » a été ratée et d'autant plus que « l'autre » n'a pu y trouver son compte. Cet échec se voit souvent chez des couples qui se sont formés à partir de la seule attirance physique et sans recherche de l'Amour véritable comme but commun aux deux membres du couple.

Il résulte de ces constatations la nécessité, dés le début de la « relation » de couple**, de s'entendre sur la signification même du mot « Amour »**.

Pour cela, on peut se reporter au chapitre 2 du tome 2 de la série indiquée au début de cette réflexion, qui va éclairer aussi notre compréhension de l'autre éventualité !

Seconde éventualité (b) : Je reconnais n'être que le gérant de ma sexualité, ce qui m'incite à « l'ouverture » vers « l'autre », grâce à laquelle je me considère, à juste titre, en accord avec le Plan de Dieu prévoyant cette ouverture. Mais la relation ainsi établie avec le partenaire va être régie, par un engagement ! C'est celui de construire dans la durée et la fidélité cette vie de couple en vue du Bonheur et contre « vents et marées ». Certes, le couple peut en faire un événement intime n'impliquant que le couple lui-même. Mais il y a toujours adjonction au « je t'aime », de la formule : « pour toujours », formelle ou sous entendue ! Le caractère public et solennel de l'engagement renforce certes sa « valeur ». Pour autant, il y a, pour chacun des membres du couple **un choix formel à faire entre l'amour et l'emprise,** dans **la pratique concrète** et journalière de cette « ouverture » de la sexualité. En fin de compte, même une **volonté sincère d'ouverture peut déboucher sur une emprise**, alors qu'elle prétendait entraîner un progrès de l'amour dans le couple!

Dans la vie du couple, la déviance vers l'emprise entraîne aussi bien une dépendance aliénante de l'un qu'une attitude perverse de l'autre, où l'Amour ne peut trouver son compte : **c'est un échec** flagrant par rapport au but fixé au départ **! La cause en est claire** : les détails de la vie courante aussi bien que les choix de vie les plus importants ont été vécus par le couple selon la « justice des hommes » et non selon la « justice de Dieu !

Or, le Seigneur Jésus est formel (Mt 5, 20) : « Si votre justice ne dépasse pas celle des scribes et des pharisiens, vous n'entrerez pas dans le Royaume des cieux » ! Comme on l'a vu plus haut, revendiquer la « justice » à la manière des hommes, à la façon du « monde », débouche sur la rancune, l'agressivité, la haine, la violence, contrairement à la paix promise par le Christ ! Cette paix opère par la pratique de la **Justice de Dieu**, elle-même basée sur **l'AMOUR** et réalisée par le **PARDON.**

L'expérience montre que c'est plus spécialement dans l'exercice, en couple, chaque jour si possible, nommé « prière d'alliance », que se réalise cette paix !

Là, les faiblesses journalières réitérées de chacun, **avouées dans l'humilité et pardonnées dans l'Amour**, peuvent obtenir la progression constante et réelle de celui-ci !

Toutes les « recettes » multiples et valables pour « l'entente du couple », à trouver dans la littérature spécialisée, sont un apport utile, important. Mais toutes doivent laisser la première place à la nécessité du PARDON !

C'est pourquoi on a essayé de décrire les grandes lignes de celui-ci, concernant le Pardon en général, dans le chapitre 7 du tome 3 de la série de livres.

Après ce survol de « la sexualité humaine », on peut s'étonner de ce que beaucoup de conclusions de « bon sens » applicables à notre vie de chaque jour, qui s'en dégagent, soient pratiquement absentes de la société dans laquelle nous vivons ! Elles y sont même âprement combattues et reléguées par des théories dont on a vu l'errance et le danger ! Cela touche au problème du MAL et celui de la LIBERTE accordée à l'humanité ! Ceci dans le cadre de sa destinée à l'Amour et au Bonheur en plénitude, à vivre sans fin dans le Royaume, selon le Plan de Dieu. **On constate que la sexualité humaine a été voulue par Dieu pour la réalisation de son Plan merveilleux et y tient une place de choix !**

Il faut rappeler le danger de l'idéologie du « Transhumanisme » qui, grosso modo, estime que la « création » ayant été mal faite par le Créateur (dont l'existence est paradoxalement mise en cause), c'est à l'homme de la « reprendre », sur la base de « valeurs » entièrement nouvelles, édictées par les transhumanistes patentés, nouveaux déterminateurs du BIEN et du MAL ! D'où la remise en cause du mariage, du respect de la vie, de la dignité de la personne humaine et, par contre, la promotion de l'euthanasie et de la PMA pour tous …etc !

ROLE DE LA SEXUALITÉ HUMAINE POUR L'AQUISITION DU BONHEUR

Dans la vision chrétienne de notre sexualité, celle-ci est destinée à nous faire **grandir en amour** pour nous amener à un « degré d'amour » nous permettant d'entrer un jour dans **la plénitude de Bonheur que partagent de toute éternité les trois Personnes constituant la Trinité divine.**

MODALITÉS CONCRETES DE VECU DE NOTRE SEXUALITE

Comme on l'a vu plus haut, on trouve dans le chapitre 19 de l'évangile de Matthieu un énoncé clair de ce rôle de notre sexualité envisagée dans les **deux cadres ou modalités** que sont la vie en couple et le célibat.

-Pour la plupart des humains, leur **vie se déroule dans la modalité de couple homme/femme** : « L'homme quittera son père et sa mère et s'attachera à sa femme … » (Mt 19, 4-5).

- Pour d'autres, c'est le célibat, volontaire ou imposé, soit du fait de circonstances diverses, soit du fait d'un « appel » à un **« célibat consacré »**. Les célibataires sont marqués autant que les autres par la sexualité dans leur anatomie et leur physiologie. Leur état évoque, comme le dit Jésus avec un certain humour, celui de « l'eunuque » (volontaire dans les de réponse à un « appel »).

Mais qu'il s'agisse de l'une ou l'autre expression concrète de la sexualité, **le but final en est toujours le même : la croissance en Amour,** en vue du Bonheur du Royaume de Dieu, ….et le renouvellement de l'espèce humaine pour ce qui est de la modalité « en couple ».

La répartition entre ces deux modalités est en partie dépendante de la « nature » des individus, mais influencée, aussi, par **un appel personnel reçu de Dieu ou tenu pour tel**.

L'influence d'un « appel » peut être modifiée, voir contrariée du fait de réglementations édictées par des « structures de décision », religieuses ou laïques et qui varient selon le temps et le lieu.

Ainsi l'obligation du célibat pour accéder au sacerdoce ou, autrefois, pour exercer la médecine ! En clair, **il est parfois de règle d'imposer aux individus l'une ou l'autre des modalités d'exercice de la sexualité !**

Les intéressés peuvent rejeter ces réglementations. Ils peuvent aussi y adhérer, soit car ils en admettent le bienfondé, ou soit parce qu'ils en attendent tel ou tel bénéfice, ou encore y adhérer par « esprit d'obéissance » ….

Ils peuvent également avoir une adhésion « de façade », argumentée par la raison au niveau de leur « conscient », mais non de leur « inconscient », **lequel subit alors un « forcing ».** C'est le cas vraisemblable quand il y a eu chez eux, non pas une simple conviction, mais une **certitude** d'avoir été appelés par

DIEU, certes à tel ou tel mode de vie « religieuse », **mais aussi à une vie de couple** dans le mariage chrétien. Ceci **alors qu'on a peut-être exigé d'eux un engagement au célibat** ! Si cette exigence est ressentie par ces personnes comme une « emprise » exercée sur elles, on a vu que cela a un effet de « rabaissement ». Celui-ci, même s'il est en partie inconscient, risque d'entraîner le dangereux « engrenage », vu plus haut, au niveau de leur « sentiment d'infériorité », avec les malheureuses conséquences que l'on sait!

Pour conclure sur cet obstacle que constituent les emprises au cours de notre recherche du BONHEUR, on constate à quel point elles interviennent dans nos vies, dans notre société ! On remarque, dans leur survenue, l'importance d'une possible « emprise initiale » qui est toujours à rechercher !
Il résulte, de cet événement initial, **l'enchaînement catastrophique** vers **l'hypertrophie du sentiment d'infériorité**, puis la recherche, illusoire, de la « justice des hommes », entrainant la violence rancunière et tendant à reporter sur des innocents l'injustice que l'on estime avoir subi soi-même. Tout cela se passe en grande partie au niveau de l'inconscient, alors qu'il faut en prendre conscience pour mettre en œuvre la solution indispensable **comportant le Pardon de la « justice de Dieu ». C'est ce Pardon indispensable qui amènera à suivre le Christ jusqu'à son offrande pour le Salut, concrétisée lors de chaque eucharistie et ainsi à contribuer à la paix véritable !**

CONCLUSION DE CETTE ETUDE DU CHEMINEMENT VERS LE BONHEUR

Ce cheminement entre dans la raison même de notre séjour sur terre qui est, dans le Projet, de notre CREATEUR, de nous amener à vivre sans fin, dans le Royaume de Dieu, du BONHEUR qui est, de toute éternité, en la Trinité divine du Père, du FILS et de l'Esprit, source de l'AMOUR!

Michel ANDRE, diacre JUIN 2023

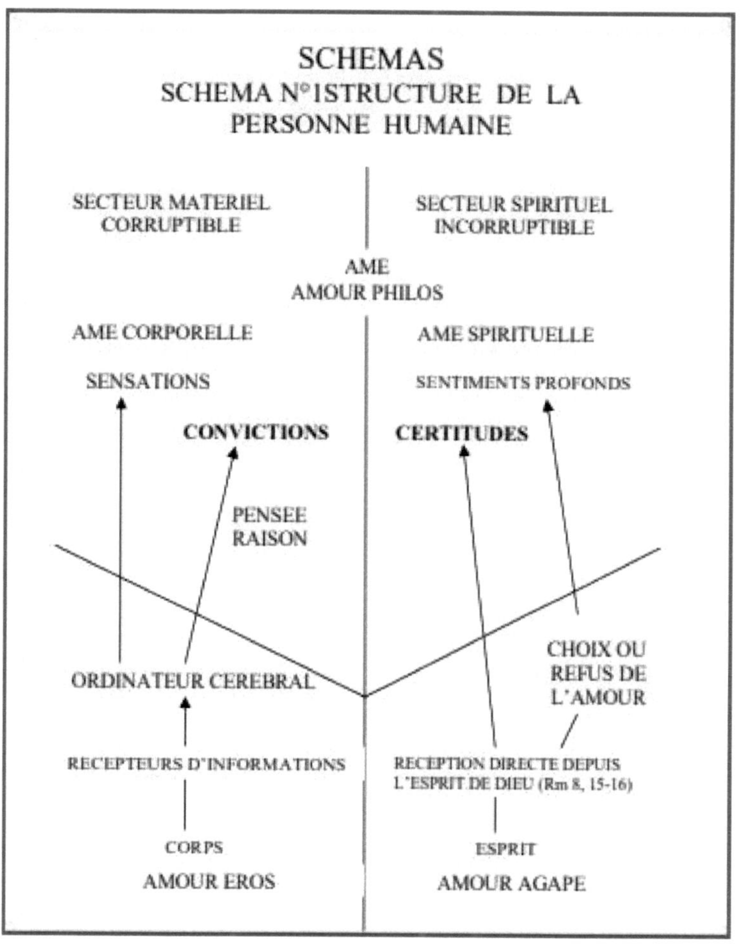
SCHEMAS
SCHEMA N°1STRUCTURE DE LA PERSONNE HUMAINE
SECTEUR MATERIEL CORRUPTIBLE
SECTEUR SPIRITUEL INCORRUPTIBLE
AME
AMOUR PHILOS
AME CORPORELLE
AME SPIRITUELLE
SENSATIONS
SENTIMENTS PROFONDS
CONVICTIONS
CERTITUDES
PENSEE
RAISON
CHOIX OU
REFUS DE
L'AMOUR
ORDINATEUR CEREBRAL
RECEPTEURS D'INFORMATIONS
RECEPTION DIRECTE DEPUIS
L'ESPRIT DE DIEU (Rm 8, 15-16)
CORPS
AMOUR EROS
ESPRIT
AMOUR AGAPE

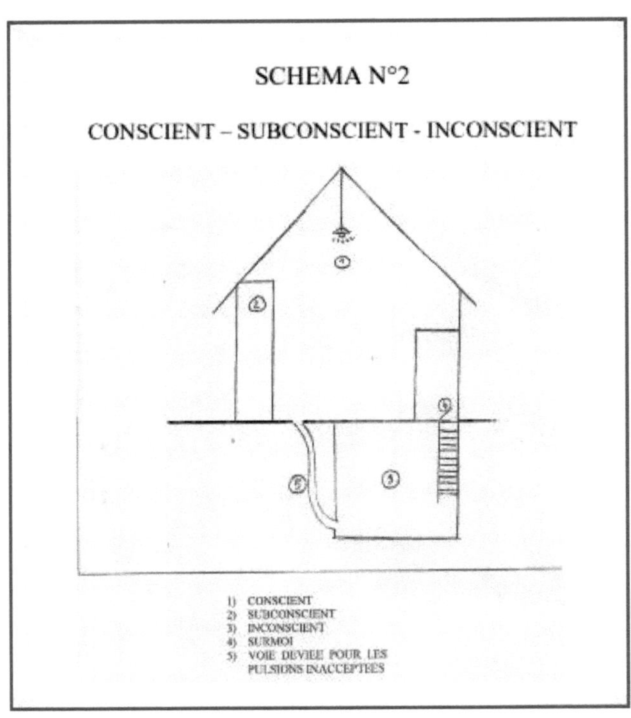
SCHEMA N°2
CONSCIENT – SUBCONSCIENT - INCONSCIENT
1) CONSCIENT
2) SUBCONSCIENT
3) INCONSCIENT
4) SURMOI
5) VOIE DEVIEE POUR LES PULSIONS INACCEPTEES

Contents

CHAPITRE 1 2

QU'EST-CE QUE LE BONHEUR ? 2

AVONS-NOUS TOUS UNE RAISON D'ÊTRE ? ET LAQUELLE ? 2

CHAPITRE 2 4

CONCORDANCE ET DISCORDANCE 4

EN QUOI CONSISTENT CONCORDANCE ET DISCORDANCE ? 4

CHAPITRE 3 7

ROLE DE L'ESPRIT HUMAIN DANS L'ETAT DE BONHEUR 7

CARACTERE PERSONNEL DE NOS CERTITUDES 8

CHAPITRE 4 10

RELATION ENTRE ESPRIT ET CORPS CHEZ LA PERSONNE HUMAINE 10

IMPORTANCE DE LA RELATION ENTRE CORPS ET ESPRIT HUMAIN. 11

RELATION ENTRE PERSONNES HUMAINES 12

RELATION AVEC D'AUTRES PERSONNES QU'HUMAINES 12

RELATION AVEC L'ESPRIT, PERSONNE DE LA TRINITE DIVINE 14

CHAPITRE 5 16

ROLE DE LA LIBERTE DANS L'OBTENTION DE NOTRE BONHEUR 16

CHAPITRE 6 18

COMMENT OBTENIR CONCRETEMENT NOTRE BONHEUR ? 18

CONDITIONS A REMPLIR POUR OBTENIR NOTRE BONHEUR: 18

LES BEATITUDES 20

INTERACTION ENTRE AMOUR ET LIBERTE 20

EXAMEN DES DEUX PILIERS DE L'OBTENTION DU BONHEUR 21

LE PILIER AMOUR 21

LE PILIER LIBERTE 22

CHAPITRE 7 23

LES OBSTACLES AU BONHEUR. 23

ELIMINATION DES OBSTACLES A NOTRE BONHEUR 23

LES EMPRISES 23

INTRODUCTION 23

DIFFERENTES VARIETES D'EMPRISES 24

CONSEQUENCES DES EMPRISES 28

LE CHOIX ENTRE LES DEUX JUSTICES 30

LE RECOURS DANGEREUX A LA JUSTICE DES HOMMES 32
DYSFONCTIONNEMENTS DE LA SEXUALITE LORS DES EMPRISES.......... 33
LEUR ANALYSE DANS CERTAINS CAS ACCOMPAGNÉS, VÊCUS 33
INTERPRETATION DE CES DYSFONCTIONNEMENTS DE LA SEXUALITE 33
INTERPRETATION de ces addictions 34
ORIGINE de ces addictions 35
COMMENT EMPÊCHER CE DYSFONCTIONNEMENT ? 35
PUISSANCE DU PARDON DANS LA JUSTICE DE DIEU 38
DIFFICULTES DANS LE PARDON 39
SOUMISSION LEGITIME OU NON ? 40
CAS DU REMORD 43
REFLEXION SUR LA SEXUALITE HUMAINE 43
DEFINITION, MANIFESTATION, BUT de la sexualité humaine 43
MANIFESTATIONS DE LA SEXUALITE HUMAINE 44
REALITE DES SEXES -CONTESTATION DE LEUR DIFFERENCIATION 45
DENI CONCERNANT LE SEXE 45
LE DENI, EN GENERAL : 46
BUT DE LA SEXUALITE HUMAINE 50
DISCERNEMENT ENTRE HETEROSEXUALITE ET HOMOSEXUALITE 51
CONSEQUENCES de la fixation dans des pratiques homosexuelles : 52
ROLE DE LA SEXUALITÉ HUMAINE POUR L'AQUISITION DU BONHEUR 55
MODALITÉS CONCRETES DE VECU DE NOTRE SEXUALITE 56
CONCLUSION DE CETTE ETUDE DU CHEMINEMENT VERS LE BONHEUR 58

Dédicace

A Jeanne, mon épouse bien aimée et inspiratrice

A tous mes chers descendants et particulèrement les derniers des petits enfants : Livia, Etienne et James car ils entrent dans leur troisième décennie et ont un choix crucial à faire pour suivre le chemin du BONHEUR par l'AMOUR !

Printed by Books on Demand GmbH, Norderstedt / Germany